ラグビーをひもとく
反則でも笛を吹かない理由

李淳馹
LEE SUNIL

a pilot of wisdom

JN180120

目次

第1章 オフサイドをひもとく —— 74

第3章　ラック、モールをひもとく

はじめに

2015年9月19日の真夜中。私はたったひとりで泣いていた。嘘《うそ》でも、誇張でもなく、流れる涙が止まらずに溢《あふ》れ出ていた。その夜、私はひとりだったが、おそらく、いや間違いなくその日そのとき、日本中で涙を流した者が数え切れないほどいたはずだ。

すでに多くの人が知る、2015年のラグビーワールドカップでの勝利。エディ・ジョーンズ率いるジャパンチームが、強豪南アフリカを最後のワンプレーで逆転した、まさに奇跡の勝利の瞬間である。

その年のワールドカップは8回目となるが、1987年の第1回大会をリアルタイムで知り、その後も数多くのラグビーの試合を見てきた私にとって、その勝利はまさに信じられない夢のような出来事であった。私自身、一介のラグビーファンにすぎなかったが、すでにラグビーと出会いプレーを始めて30年以上。その間、あるきっかけからラグビーのレフリーを始め、その後は高校のラグビー部コーチとして長い年月を過ごした。そして今後も飽きることなく（?）、ラグビーを愛する者のひとりであるだろうと思う。だが、だからこそと言うべきか、あのような勝利の歓喜を味わえるとは思ってもいなかった。

それでもあの日、まったく予想だにしないことが目の前で起こったのである。その現実を目の前に、私は涙を流しながら、ジャパンの勝利を信じてあげられなかったことに対する謝罪の気持ちと同時に、彼らに対して感謝の気持ちでいっぱいになった。

そして、この〝ありえない勝利〟が現実になったからこそ、日本ではラグビーへの注目度が一気に高まったと言える。その点に関しては、長くラグビーにかかわってきた者としても本当にうれしいことだった。

だが一方で、2015年のワールドカップでのジャパンの活躍以降、ある種の不安を抱くようにもなった。それは、ラグビーというスポーツが知られれば知られるほどに、ラグビーが理解されなくなっていくのではないかという不安である。

一般に「ラグビーのルールは難しい」と言われる。その点に関して言えば、確かにその通りである。プレーヤーとして、コーチとして、そしてレフリーとして長くラグビーの現場に立ち続け、世界のラグビーを見続けてきても、いまだに「ラグビーのルールは難しい」と思う。2015年のワールドカップに参戦し帰国したある選手が、「自分もルールはよくわかっていない」といった旨の発言をしたが、それは偽りのない本心のはずだ。

だが、ようやく人気の出たラグビーが、ルールが難しいゆえにつまらないスポーツと思われ、ましてや誤解されていくとするならば、それはあまりにも残念である。

確かにラグビーのルールは難しい。だが、難しいルールには理由があり、その理由には背景がある。本書は、そうした背景をひもとこうという試みである。では、その背景にはなにがあるのだろうか。

同じく、ワールドカップに参戦したある選手は次のような発言をした。

「ラグビーを文化として日本に根付かせたい」

そう、ラグビーとは文化なのである。ラグビーはグラウンドでボールを追い勝ち負けを争う単なるスポーツではなく、グラウンドを離れたときにさえ楽しむ文化なのだ。では、文化とはなにか。文化とは、その社会に生きる人々によって共有、伝達、発展させるものである。実際、ラグビーはそのようにして発展してきたし、今後もさらに発展していくはずである。

「ラグビーは文化である」。そう言われると、「ラグビーのルールは難しい」以上に難しい話となってしまうかもしれないが、まずはその入口から入っていただきたいと思う。入口を間違えると、せっかく知ったラグビーがつまらないもので終わる可能性があるからだ。

そもそも、異文化を理解することは簡単なことではない。本書にも、ラグビー初心者にとっては難しい、ともすれば理解しがたい〝異文化〟の話が織り込まれているかもしれない。だが、だからこそ、そこにラグビーのおもしろみが詰まっていると私は確信している。

ラグビーにまだあまり馴染《なじ》みのない読者は、まずはラグビーの〝文化の扉〟を開けてほしい。また、すでにラグビーを知る読者であるならば、これまでにない方向からラグビーの文化に近づいていただきたい。その上で、難しいと言われるラグビーのルールについて考えてほしい。本書が、ラグビーをより深く理解する上での一助になれば幸いである。

＊本書で引用されている『競技規則』は、特に記述のない場合は最新の２０１６年版をもとにしています。
また引用中の「…」は中略を表します。

ラグビーのグラウンド（競技場）

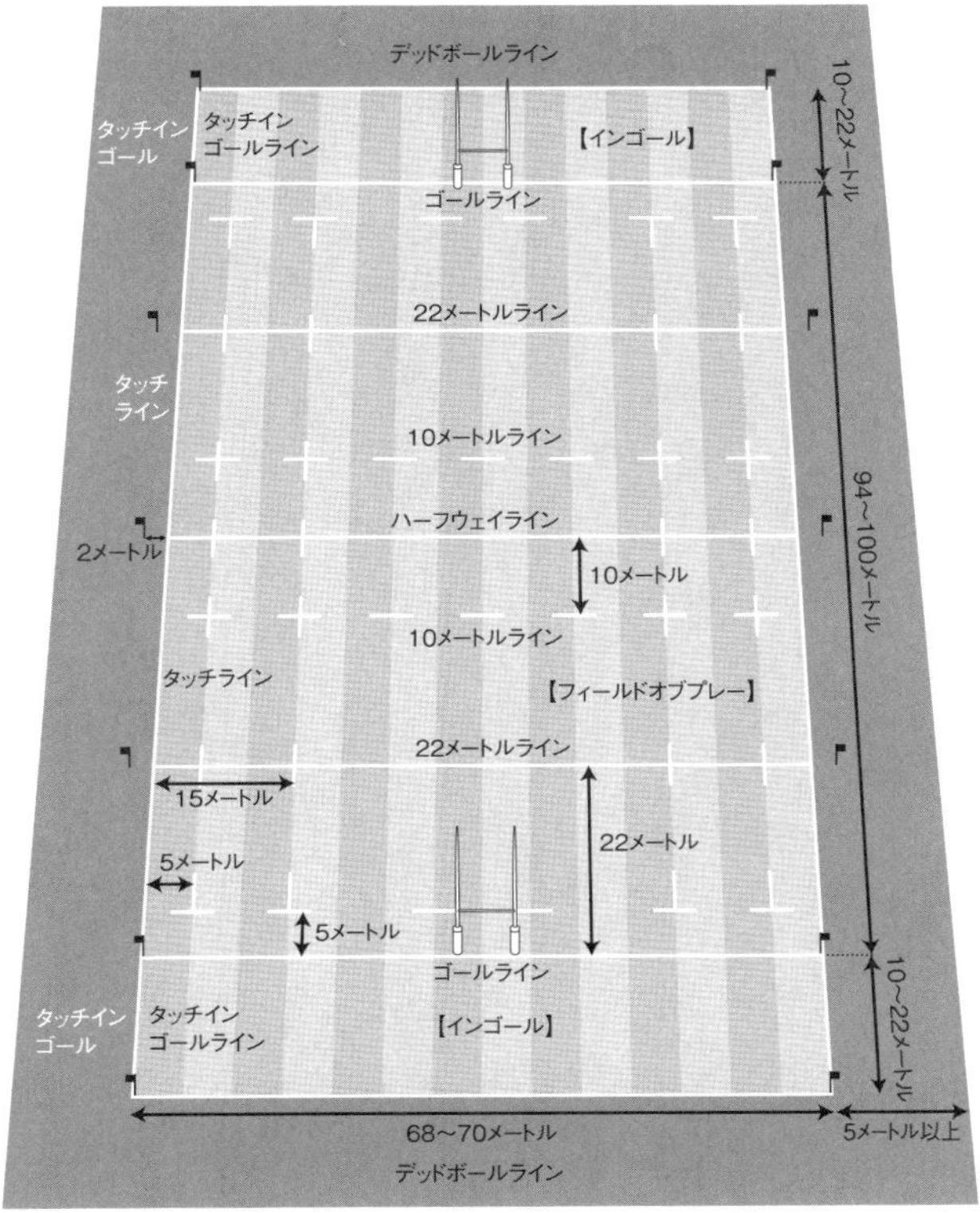

は「競技区域」、は「周辺区域」

序章　フットボールとレフリーをひもとく

1　ラグビー誕生〝エリス伝説〟の誤解？

▼はじめに〝フットボール〟ありき

ラグビーは、いつ、いかにして生まれたのか？

「ラグビーは〝イギリス〟のラグビー校で、〝サッカー〟の試合中に、興奮したエリス少年がルールを無視してボールを持って走ったことから生まれた」

このような話を聞いたことがある人もいるはずだ。世に言う〝エリス伝説〟である。

ラグビーワールドカップの優勝カップは「ウェブ・エリス・カップ」と名付けられているし、2015年のワールドカップの開会式では、この〝エリス伝説〟をもとに映像化したショートフィルムが流され、実際にラグビー校に通う生徒がエリス少年役を演じてメイン会場の中央に立ち、世界中の注目をあびた。その際には、以下のような言葉も映し出されている。

ONE BOY BREAKS A RULE CREATES A GAME BECOMES A LEGEND
ひとりの少年がルールを破りゲームを生んだ。そして伝説となった。

それほど、ラグビー誕生にとってエリス少年は重要な人物である。実際〝イギリス（イングランド）〟には「ラグビー校」というパブリックスクール（寮制の伝統私立学校）があり、そこにはそのことを記した記念の石碑がある。

THIS STONE COMMEMORATES THE EXPLOIT OF WILLIAM WEBB ELLIS
WHO WITH A FINE DISREGARD FOR THE RULES OF FOOTBALL AS PLAYED IN
HIS TIME
FIRST TOOK THE BALL IN HIS ARMS AND RAN WITH IT
THUS ORIGINATING THE DISTINCTIVE FEATURE OF THE RUGBY GAME.

A.D. 1823

この石碑は、１８２３年に、ウィリアム・ウェブ・エリスがフットボールのプレーの最中にそのルールを見事に破り、腕にボールを持って走るというラグビーのゲームの〝特徴的な(DISTINCTIVE)〟〝形(FEATURE)〟をはじめて示した際の功績を讃えるものである。

ここでは「FOOTBALL（フットボール）」との文字が確認できる。現在、一般にフットボールと言えばサッカーのことを指し、ここでの英語のフットボールを日本語のサッカーと訳しても、その点だけで言えば誤りとは言えないだろう。

しかしながら、日本で言うところのサッカー協会、つまり『フットボール・アソシエーション（ＦＡ）』が設立されたのは１８６３年のことである。対して、エリス少年が「フットボールのルールを破った」のは１８２３年。サッカー協会が生まれる40年も前のことなのだ。

協会の誕生前にサッカーの試合があったのか？　しかも「手を使ってはいけない」という、そんな簡単かつ重要なルールを破ったのか？　そういった疑問がわくが、それもそのはず、当時は〝サッカー〟のルールどころか、サッカー自体も、そしてラグビー自体も生まれてはいなかったのだ。当時あったゲームは、あくまで〝フットボール〟。先の記念碑の文字にある

「FOOTBALL（フットボール）」とは、それを指すのである。

▼それは〝祭り〟から始まった

では、フットボールとはなんなのか？

当時、パブリックスクールで行なわれていたフットボールとは、実は、スポーツとして〝誕生〟したのではなく、祭りから〝派生〟したものだったと言える。

その起源は、一説によると、イングランドが成立する以前に、ローマ人が現在のグレートブリテン島を支配していた頃から行なわれていたとも言われる。いずれにせよ、中世以降のイングランド各地では、村や町をあげての〝祭り〟としてフットボールを楽しんでいたようだ。それらは、のちに「民俗（Folk）フットボール」あるいは「群衆（Mob）フットボール」と呼ばれる。

ゲームは、村全体を〝グラウンド〟として行なわれる。文字通り〝土地〟を使い、参加人数に制限のないふたつのチームの数百人が、ひとつの〝ボール〟をいずれかのゴールに入れるまで押し合いへし合いしながら奪い合うというものである。まさに、村をあげてのお祭り騒ぎだ。

但し村全体とはいえ、教会、墓地などに入ってはいけないといったルールはあった。またボールと言っても、現在のように軽く弾むようなものではなかった。

もっとも、祭りを楽しむとはいえ、村の大男たちが本気で争うため、あまりの激しさから怪《け》我《が》人が続出し、たびたび時の王によって禁止令が出たという（1314年から1847年までに、わかっているだけでも42回の禁止令が出ている）。日本での神輿《みこし》を担いだ祭りを思い浮かべてみても、古くからある祭りには洋の東西を問わず危険が伴い、ときに負傷者が出るというのは珍しくない。

イングランド中部のアッシュボーンという町では、現在でも、祭りとしてこうしたフットボールが続けられている（謝肉祭に際して行なわれる）が、その光景を見ると、それはスポーツというより、まさに祭りそのもの。勇壮な男たちが争い、周りの人々がはやし立てる様は、日本の祭りの雰囲気とそっくりである。そして、みんな激しく真剣そのものであるが、日本での祭り同様、それを楽しんでいる様子がうかがえる。

▼「ルール」が誕生し、サッカーとラグビーが分裂した

そんな祭りごとも、紆余《うよ》曲折と時を経て19世紀に入ると、各地のパブリックスクールで行なわれるようになっていった。祭りごと自体がゲームとして楽しまれるようになったのである。

そして、それまでは各村や各学校という限られた場所の中で楽しんでいたゲームが、人と人の交流が盛んになるにつれて、他の学校との対戦が増え始める。

さて、そうなると問題は「ルール」である。学校対学校という対抗戦となれば、当然、互いに統一されたルールのもとで闘わねばならない。それまで学校内のみで行なわれていたときは（寮対寮という対戦が多かった）、校内のルールは先輩から後輩へと口頭で伝えられていった。しかし、決まった統一ルールというものは存在しなかったのである。各校には各校なりのルールがあり、それらは基本的に似通ってはいるが、全国共通でもなければ成文化もされていなかった。

それは、日本の「鬼ごっこ」や「カン蹴り」など、古くから伝わる民俗的な遊びを思い出せば理解しやすいかもしれない。それらは各地方によって呼び方や遊び方が微妙に違っていたはずだ。転校生がやってきたり、あるいは自分が転校生として別の地域に行ったりすると、基本的には同じルールながらも細かな部分に違いがあったという経験をした人は多いのではなかろうか。

学校同士の「フットボール」の対抗戦が増える中でルールの取り決めを進めるうちに、「フットボールのルール」は徐々に統一されていく。そして最終的には、１８６３年に〝ある種の〟ルールにしたがうグループによって協会（association）が結成される。それが『フットボール・アソシエーション（FA）』である。さらに8年後の1871年には、他のルールにしたがうグループが連盟（union）を結成する。それが『ラグビー・フットボール・ユニオン：Rugby Football Union（RFU）』である。

すでにおわかりだろうが、先に発足した『フットボール・アソシエーション（FA）』がサッカー、後の『ラグビー・フットボール・ユニオン（RFU）』がラグビーとなるのである。

2　ラグビーはサッカーとの〝喧嘩《けんか》別れ〟から生まれた？

▼分裂のきっかけは〝野蛮な〟ハッキングを認めるか否か

1863年に『フットボール・アソシエーション（FA）』が、「一部のプレー以外は手を使えない」などといった統一ルールを決めた。この統一ルールが現在のサッカーの基本ルールとなったのだが、これに対して異議を唱えた者たちがいた。但し、ここで異議を唱えたのは、手の使用よりもハッキングというプレーに関してであった。ハッキング（hacking）とは、相手の前進を阻止するために向こう脛《ずね》を蹴るような行為だ。それまでのフットボールではそうした行為は正当とされており、さらには躓《つまず》かせることや体当たりも認められているなど、荒々しい男たちによる「群衆フットボール」を起源としている側面があった。

当時、各校にあった独自のルールのひとつを紹介しよう。ウェストミンスター校のフットボールのルールには、「相手に対して躓かせること、脛を蹴ること、体当たりすることは正当である」との文言がある。また、１８４５年に発行されているラグビー校のオリジナルルールブックでも、「かかとによる蹴り、または膝から上に対する蹴りは許されない」、「オフサイドの位置からハッキングをしてはならない」とあり、脛そのものへのハッキングは許されていた。

これを『フットボール・アソシエーション（ＦＡ）』は禁止したのである。当初はＦＡルールでもハッキングは正当化される予定だったが、途中からハッキングを禁止するケンブリッジ・ルール（イートン校、ハロー校などのＯＢを中心に１８４８年に制定されたルール）が採用されたのだという。

これに対して、ラグビー校やその他のクラブが『フットボール・アソシエーション（ＦＡ）』から脱退し、新たに計21の学校やクラブが集い、『ＦＡ』の設立から8年後の１８７１年に『ラグビー・フットボール・ユニオン（ＲＦＵ）』を結成。6月には、『ＲＦＵ』の統一ルールブック『THE LAWS OF THE GAME OF FOOTBALL AS PLAYED BY THE RUGBY FOOTBALL

UNION』が発行される。このルールブックは、前記のラグビー校オリジナルのルールブック（『THE LAWS OF FOOTBALL AS PLAYED AT RUGBY SCHOOL』）の37項目をもとに、改正59項目からなるものである（なお本書では、以降、便宜上、前者を『ユニオン・ルールブック（１８７１）』、後者を『ラグビー校・ルールブック（１８４５）』と表記する）。

▼エリス少年は、なんのルールを破ったのか

ここまでの経緯を振り返ると、〝エリス伝説〟は、「サッカーからラグビーが生まれた」という話ではないことがわかる。エリス少年が「フットボールのルールを破った」１８２３年には、ラグビーはおろかサッカーさえも世界には存在していない。エリス少年は、ラグビー校内で行なわれていた〝ラグビー校独特の「フットボール」のルール〟を破ったということなのである。それから40年後、ハッキングを許すか否かで「フットボール」がふたつに分かれ、エリス少年のいたラグビー校のルールを中心に、現在のラグビーが生まれたというわけである。

ちなみに、サッカーのルールが生まれる以前のフットボールは、足でボールを前進させることが基本ではあったが、手を使うこと自体は禁止されていなかった。但し、相手が蹴ってきたボールを手でキャッチすることは許されていたものの、その際はボールを地面に置くか、蹴り

返さなければならなかった（持ったまま後方へ走ることは可）。現在のサッカーでも、ゴールキーパーは手でボールを扱うことは許されているが、そのボールは蹴り返すのが基本だ。キャッチしたボールを持ったまま相手のゴールへ走り込むことは許されていない。しかしながら、エリス少年はこうしたルールを破り、蹴られたボールをキャッチしてそのまま敵陣目がけて走り込んだのだ。２０１５年のラグビーワールドカップのオープニングセレモニー映像では、まさにその場面が再現された。

なお、『ラグビー校・ルールブック（１８４５）』では、この行為を「ランニングイン」として以下のように成文化している。

ボールをグラウンドに落とさない、あるいはタッチの方に向かわなければ、オンサイドにいるいかなるプレーヤーにも「ランニングイン」は許されている。

▼ラグビーの起源は、相手を倒す＝タックルの合法化

サッカーの母体となる『フットボール・アソシエーション（ＦＡ）』とラグビーの母体となる『ラグビー・フットボール・ユニオン（ＲＦＵ）』が分裂するきっかけは、相手を倒すハッキ

ングや激しく当たるチャージングなどを容認するか否かだった。そのことを忘れてはならない。

つまり、相手を倒してボールを奪うことを合法化するか否か。

現在のラグビーでは足をひっかけて倒すハッキングは許されず、禁止事項であるとの条文が生まれているが、相手を摑《つか》んで倒すタックルは許されている。いや、タックルは、ある意味でラグビーを象徴するプレーのひとつと言えるだろう。そういう意味では、ラグビーをラグビーたらしめているのは、〝エリス伝説〟よりも、むしろ荒々しさをめぐる学生たちの〝喧嘩別れ〟だったのかもしれない。

いずれにせよ、19世紀の後半に統一ルールが生まれて組織化され、後々、世界各地に広がっていくフットボールがサッカーであり、ラグビーであるわけだが、現在のイギリス（連合王国）では、各パブリックスクールなどを中心に、他にも様々なルールの「フットボール」が存在している。

例えば「ウォール・ゲーム」「ダウリング」「ウィンキーズ」「ハロー・フットボール」と呼ばれるもの。あるいは、アイルランドでは「ゲーリック・フットボール」といったもの。これらは、サッカーでもラグビーでもない、その他の「フットボール」なのである。現在オーストラリアで行なわれている「オーストラリアン・フットボール」は、この「ゲーリック・フットボール」を基本としており、単純にラグビーから生まれたスポーツとするのは正しくない。

▼「ラ式蹴球」と「ア式蹴球」

日本では、1866（慶応2）年に横浜で外国人同士によってフットボールの試合が行なわれたとの記録もあるが、サッカー、ラグビーとも本格的に日本に流入するのは明治以降である。当初サッカーのことを「ア式蹴球」、ラグビーのことを「ラ式蹴球」と呼んでいた。

これは、それぞれ『フットボール・アソシエーション（FA）』と『ラグビー・フットボール・ユニオン（RFU）』をもとに訳された言葉である。つまり「ア式」の「ア」はアソシエーション、「ラ式」の「ラ」はラグビー。「蹴球」はフットボールの訳語だ。「足球」ではなく「蹴球」と表現するところに先人のセンスを感じるものの、現在の日本では、「蹴球」という言葉は一部を除きほとんど使用されない。

イングランド（イギリスに非《あら》ず）で『RFU』が設立されて28年後、1899（明治32）年に慶應義塾大学に日本ではじめてラグビー部ができた。その正式名称は、現在でも『慶應義塾體育會蹴球部』である。1918（大正7）年創部の早稲田大学は『早稲田大学ラグビー蹴球部』。サッカー部はそれぞれ『慶應義塾体育会ソッカー部』（1921年創部。慶應アソシエーション・フットボール＝ア式蹴球倶楽部から改名。サッカーでなくソッカーとしたのは、より原語の発音に近かったため）と『早稲田大学ア式蹴球部』（1924年創部）だ。

いずれもサッカー部よりラグビー部の創部の方が早いところは興味深いが、現在の慶應サッカー部を除けば、全てに「蹴球」の文字が使用されている。ちなみに、同部が「ア式蹴球」の使用をやめたのは、同校で先に創部している「蹴球部」（ラグビー部）と紛らわしいと思われたためだという。また慶應ラグビー部に「ラ式」の文字がつかないのは、創部当時の日本で「フットボール」と言えばラグビーのことであり、特に「ラ式」をつける必要はなかったからとのことだ。

余談ついでに、現在、韓国でサッカーは「蹴球（チュック）」とずばり翻訳語で呼ぶ。一方、ラグビーは「ロッピー」と呼ぶが、これはRUGBYを原語に近い発音で表したもの。もっとも、韓国で「ロッピーの試合を見たことある？」と聞けば、「ない」より「なにそれ？」と答えられる方が多いはずだ（ラグビーの競技人口は日本のおよそ100分の1）。

▼「ラガー」と「ラガーマン」の違いとは

戦後に「蹴」という文字が当用漢字表から外れたこともあり、「蹴球」の代わりに新聞などで「サッカー」が使われるようになる。「アソシエーション・フットボール」は現在ほとんど使われず、その言葉を知る若い人はあまりいないだろう。

だが、このサッカー（soccer）とは本来単なる俗称・略語で、そのもとは「association」である。「association」の「soc」に略語として使われる「er」をつける際、「c」を重ねた単なる口語なのだ。「association football」ではあまりに長いので、協会設立当時の学生たちが縮めて言っていたものがいつのまにか定着したという言葉である。

なお、日本ではラグビーをする者のことを「ラガー（Rugger）」という人がいるが、この言葉も、本来はラグビーそのものを略して言う口語。サッカー同様「Rug」に「er」をつけた言葉にすぎない。単語の後に「er」がつけば「〜する者」との意味はあるものの、一方で口語化の際につく名詞語尾でもある。サッカー（soccer）に「er」がつくからといって「アソシエーション・フットボール（サッカー）をする人」の意にはならないのと同じだ。よって、ラグビーをする人のことは「ラガーマン」と呼ぶのが通例で、「ラグビーマン」と呼ぶこともある（女子ラグビー選手については、その歴史があまりに短いため、特定の呼称はまだない）。

サッカーに関しては、本家のイングランドやヨーロッパを中心に、世界では「フットボール」の呼称が一般的で、正式にはいまも「association football」である。一方のラグビーは、単に「ラグビー」と呼ばれるのが普通だが、世界のラグビー団体を統括する『ワールドラグビー（WR）』は、2014年までは『インターナショナル・ラグビー・ボード（IRB）』という名称であり、それ以前の1997年までは『インターナショナル・ラグビー・フットボール・ボード（IRFB）』を名乗っていた。おそらくは、フットボールと呼ばれるサッカーに対し、ラグビーを差別化させたかったのであろう。ラグビーはあくまでラグビーなのである。

当然のことながら、ラグビーという名称は、かつてエリス少年の通っていたラグビー校に由来するが、このラグビーとは、ラグビー校のある都市名。その語源は、都市をつくったケルト諸語族の一族である「ローク人」からであり、それがのちにバイキングの侵攻によって「ラグ（rug）」と訛《なま》り、要塞《ようさい》都市を意味する語尾の「by」がついたという。

3　フットボールはあらゆる「ゴールゲーム」の〝母〟

▼スポーツのジャンルと成り立ち

こうしてサッカーと袂《たもと》を分かち、いまから150年ほど前にラグビーが誕生した。

少し話がそれるが、ここで、ラグビー以外のスポーツのジャンルと成り立ちについて考えてみよう。

スポーツは大きく分けて、「格闘技」「競技」「球技」という3つに分類される。

「格闘技」とはボクシング、レスリングをはじめ、柔道、空手、相撲など、まさに格闘するスポーツである。原則として1対1で闘い、どちらが強いかを争う。人と人とが格闘することは、古代より行なわれていたものであり、ある意味でもっとも古い〝スポーツ〟のジャンルだと言えるだろう。

「競技」は、細かく分ければいろいろとあるが、マラソンなど陸上競技のように、技や能力を競い合うもの。争う形式としては相手と競う場合が多いが、究極的に闘うのは相手（人間）ではなく記録である。マラソンの起源を持ち出すまでもなく、こちらも歴史は長い〝スポーツ〟だ。記録を競い合うという意味では、アーチェリーやゴルフも「競技」であり、得点を争う新体操やフィギュアスケートも同様と言える。

そして3番目が「球技」。文字通り「球」＝ボールを扱うが、この球技もさらに分けると3種となる。それは、バット型、ネット型、ゴール型。

バット型とは、クリケットを発祥とする、バットでボールを打つゲーム。原則として時間制限はなく（クリケットの試合は数日間に及ぶこともある）、攻撃と守備がはっきりと分かれてゲームが進行する。もっともポピュラーなのは野球だが、ソフトボールの他、野球から派生したフィンランドの「ペサパッロ」というスポーツもある。

ネット型はテニスを基本とし、両者の間をネットで分けて得点を競い合う。こちらも原則時間無制限で、特定の得点（セット）を先取した方が勝つ。最大の特徴は、ネットで仕切られているため、両者が接触しないということ。そのため女性のプレーヤーも多く、男女混合で行なうことも可能だ。羽根を使うバドミントンもネット型〝球技〟であることは言うまでもない。

そして最後に、ゴール型。ラグビー、サッカー、バスケットボール、アイスホッケー、ハンドボールなどである。なんらかの方法で相手のゴールにボールを入れることによって得点するが、パックを使うアイスホッケーもゴール型〝球技〟と言える。何点、何セット取れば勝ちではなく、決まった時間内に多く得点した方が勝つことになる。他の球技に比べ、時間制であることも大きな特徴だ。そのため引き分けという結果になることがしばしばある。

▼「フットボール」から〝考案〟された球技たち

さて、ここで問題はこれらゴール型球技の起源である。すでにおわかりだろうが、ゴール型球技は、ほとんど全てがフットボールから生まれている。

もちろん、それはサッカー、ラグビー以前のフットボールのことだ。先に記した通り、フットボールの様々なルールを成文化した『フットボール・アソシエーション（FA）』の結成は、19世紀後半の1863年。『ラグビー・フットボール・ユニオン（RFU）』が結成されたのは1871年。

その後、様々なゴール型球技が生まれる。1877年にカナダでアイスホッケー、1891年にアメリカでバスケットボール、1898年にデンマークでハンドボール。さらにはアメリカンフットボールが現在の形になったのが20世紀に入った1906年のこと。特にここで注目してほしいのは、こうした球技がいずれもイングランド以外で生まれているという点だ。

アイスホッケーは、氷上でできるスポーツとしてカナダの大学生が競技用のルールを策定した。グランドホッケーにラグビーの激しさ（コンタクト）を加味したとのこと。バスケットボールは、冬に室内で行なえるスポーツとしてアメリカYMCAの教師J・ネイスミスが考案したが、実際には上司に命じられ一生懸命考えてつくったという。そのため、生徒に理解させることが難しいフットボールのオフサイドを解消し、前方にいるプレーヤーにボールを投げてもよいとした。その代わりにボールを持った選手の歩数を制限し、同時にタックルを廃止した。

ちなみにネット型球技のバレーボールも、ＹＭＣＡのＷ・Ｇ・モーガンが１８９５年に考案したアメリカ生まれのスポーツである。

アメリカンフットボールも、イングランドの「フットボール」をアメリカ流に合理的にアレンジしたもので、こちらもセットプレー時以外からオフサイドを廃止、前方パス１回を認めるという発想転換をした（前方パスは1回のみだが、ラグビーのような後方へのパスは複数回可）。ボールを持ったクォーターバックが後方へ下がり、その他のプレーヤーがどんどん前へ出て、自ら進んで「オフサイドになる」のだから、まさに発想の大転換と言える。そもそも、アメリカンフットボールのセットプレーの際の「スクリミッジライン（scrimmage line＝line of scrimmage）」は、ラグビーの「スクラム（scrum）」をもとにしたものである。

このように、他の主なゴール型球技の多くは、サッカーやラグビーのもととなった「フットボール」から〝考案〟されたものである。そう、まさに〝考案〟なのだ。どこかで、誰かが、なんらかの目的で、あるルールを考えて新しい「スポーツ」を考案したのだ。その点が、ラグビー、サッカーとその他のゴール型球技の決定的な違いなのである。

▼「ゲーム」が先か、「ルール」が先か

なにが言いたいのか。

ラグビーやサッカーは、人々の間で楽しまれていた「群衆／民俗フットボール＝祭り」が、長い年月をかけて少しずつスポーツとして進化してきたのに対し、他の球技には、この「祭り」がスポーツに進化した」というような長い歴史がない。ラグビーやサッカーにおいては、祭り＝ゲームが先にあり、ルールは後付けなのである。だが新種の球技は、まず先にルールがあり、それにしたがってゲームが行なわれる。

ボールを使って行なう「球技」の試合を、一般にゲームと言う。同じスポーツでも、先の「格闘技」や「競技」をゲームとはあまり呼ばないだろう。つまり「球技」の試合は、ゲームとして行なわれ、楽しまれるものである。

フットボール誕生の地イングランドでは、試合のことをゲーム（game）ではなくマッチ（match）と呼ぶことが多い。ラグビーやサッカーの国や地域代表同士の試合は「テストマッチ」である。マッチとは「合わせる、配合する」といった意味であるが、そこにはもともと「試合」という意味がある。日本語の「試合」、つまり〝合わせる〟がマッチである（試合の「試」は、もとは「為」＝行なう）。本来、村同士、学校同士の力や技、ときには勇気を試し合うことがフットボールの「試合」であった。それがのちにゲームとして発展したのである。

つまり、ラグビーやサッカーは「祭り」→「試合」→「ゲーム」→「ルール」と生まれていったのに対し、その他の多くの球技は、フットボールをもとに「ルール」を決め「ゲーム」をつくった。すなわち「ルール」→「ゲーム」という発想から成り立っているのである。

4　ラグビーは、ルール（規則）でなくロー（法）の下でプレーされる

▼ラグビーの基本的発想は「慣習法」

「祭りがスポーツに進化した」ラグビーにも、当然「ルール」はある。『ラグビー・フットボール・ユニオン（RFU）』が設立された頃からは、統一されたラグビーの「ルール」が成文化されることになる。

しかし、ここで問題なのは、その「ルール」についての理解である。もし、現在のラグビーの『ルールブック』（日本語では『競技規則』）の英語版を目にする機会があれば、その表紙をごらんいただきたい。そこには「ルール」という言葉はない。そこに記されているのは「Laws of the Game」。ラグビーの『ルールブック』の表紙には、「ルール（Rule）」ではなく「ロー（Law）」、

つまり「規則」ではなく「法律」と書かれているのだ。

しかも、１８４５年に発行された『ラグビー校・ルールブック（１８４５）』も、その後、１８７１年６月に『ＲＦＵ』が発行した『ユニオン・ルールブック（１８７１）』も、それぞれ『THE LAWS OF FOOTBALL AS PLAYED AT RUGBY SCHOOL』、『THE LAWS OF THE GAME OF FOOTBALL AS PLAYED BY THE RUGBY FOOTBALL UNION』と、「ロー（Law）」と記されている。

「規則」も「法律」も似たようなもので、どちらでもよいではないかと思う人もいるかもしれない。しかし、「法律」である点が、ラグビーを、ひいてはラグビーのレフリーを理解する上で重要であり、決して見過ごしてはならない点なのだ。

では「法律」とはなにか？

法律は大きくふたつに分けられる。国家権力が定める条文が強制力を持つ「国家法」＝「大陸法」と、個々の事件の判例や慣習によって法が発展する「慣習法」＝「英米法」である。ドイツ、フランスなどは「国家法」、イギリスは「慣習法」が基本である。

「国家法」と「慣習法」とでは、根本的な発想の違いがある。そもそも数百年、あるいは千年以上も続けられていた「フットボール」について、文字によって全てを表現し、さらにはルールとして規制することなど無理な話である。したがって、あらかじめ決められたルールによって「国家法」的に規制するのではなく、様々な出来事や経験を蓄積していく過程で「慣習法」として整えていく。それがラグビーのルール、いやローの成り立ちと基本的な発想なのだ。

▼なぜ、ラグビーの「ルール」はよく変わるのか

ラグビーの世界、特にレフリーの世界にはこんな言葉がある。

「ルールよりゲーム」

この言葉をはじめて耳にすると、ルールよりゲームが大事なのか？　ゲームをする上ではルールが重要ではないのか？　と思う人もいるだろう。

どちらかと言えば「国家法」系統に属する日本では、少々理解しがたい言葉かもしれない。ましてや、前述したバスケットボールなど「先にルールがあったスポーツ」、あるいは将棋やチェスといった「あらかじめ決められたルールの中で行なうゲーム」においては馴染めない考え方だろう。

しかしながら、ラグビーにおいては「ルールよりゲーム」という発想があり、実際の試合においても、そのような場面はしばしば見受けられる。単純にルールに照らして判断するのではな

く、ゲーム自体を尊重するのだ。「ラグビーのルール」(「LAWS OF THE GAME」)に〝違反〟していようとも、ゲームに参加している敵味方双方が互いに納得できるのであれば、あるいはレフリーがその点を認めるのであれば、反則の笛を吹かずに〝流す〟わけだ。

「慣習法」に馴染んでいるプレーヤーおよび観衆ならば、この「ルールよりゲーム」が理解できる。つまり、ルール(Law)はしょせん後付けのもの。大事なことは、いままさに行なわれているマッチでありゲームなのだ、と。

と同時に、「慣習法」であるからこそ、ラグビーの「ルール」(Law)はよく変わる。みんながラグビーというゲームをしながら、なにか不都合が生じたら、あるいはよりよいアイディアが生まれたなら、協議の上で変更していく。

「慣習法」の特徴としては、法がないところに法をつくり、現在ある法を破るという面がある。つまり、たとえ法がなくても自分たちでやってはならないと思うことは自らを律する。一方で、違法とされることであっても、問題がないという〝暗黙の了解〟があれば、その法は守らない。そして、やがてはみんなの都合に合わせて、つまり慣習に合わせてその法律を変えていく。

よく「ラグビーのルールは毎年変わるからわからない」といった言葉を耳にする。その言葉自体には正当性はあるだろうし、その不満自体は理解できる。特に、ラグビーをはじめて見る、あるいは見たことがあまりない人にとってわかりにくいという点は否定できない。

だが、ラグビーの「ルール」は「ロー」であり、それが「慣習法」であるという根本的なことを理解すれば、少なくとも不満は解消されるのではないだろうか。「ゲームが先、ルールは後付け」という基本的発想が理解できたとするならば。

▼「ルールよりゲーム」の意味

それでも、やはりどうも納得できない、ルール違反を見逃すことがあってよいのか？　と思う人がいるかもしれない。

ならば、日本の道路交通法について考えてみてほしい。道路交通法をつくったからクルマが開発されたのではない。クルマがあるから、それに合わせて道路交通法を整備していったというのが現実である。道路交通法には、まさに「慣習法」的な発想がある。

例えば、現在禁止されている運転中の携帯電話の使用。ある年代以上の人ならご存じだろうが、以前は運転中の携帯電話の使用は禁止されていなかった。携帯電話で話をしながら運転するのはよく見られた光景であり、それが罰せられることもなかったのである。しかし、事故が多発したため新たな法律ができ、運転中の携帯電話の使用は禁止（罰則あり）となったのだ。

逆に言えば、ドライバーが「運転中の電話は危険だ」と感じ、自らを律して電話を控えていたならば、そのような法律は生まれなかったはずだ。飲酒運転の罰則が重くなったのはもちろん、速度規制も駐車違反も、進化するクルマ社会に合わせて整備されてきたと言える。

そもそも、道路交通法は全ての違反を摘発することを目的とはしておらず、実際に全ての違反を摘発することは不可能だろう。速度違反などは、たとえ多少のスピードオーバーであっても「この道ではみんながそうやって走っている」という意識があり、その速度で安全が確保されているのであれば、ドライバー間には〝暗黙の了解〟が生まれ、その「法律違反」を問題視する人はいない。法律で最優先されるのは道路上の安全であり、安全が確保されているのであれば、「法律違反」でも黙認されるはずだ。法定速度（ルール）を守るためにクルマを走らせるのではなく、クルマを安全に走らせる（ゲームを楽しむ）ために法律がある。

ラグビーのルール、いやローとはそのような発想のもとに生まれ、かつ改正されているということである。それが「ルールよりゲーム」だ。そして同時にこのことは、ラグビーの持つ大きな特性のひとつでもある。

▼「ルール」はあったが罰則はなかった

もちろん、ラグビーにも「ルール」はある。

例えば、先の『ラグビー校・ルールブック（1845）』の中には、「ルール（RULES）」として「中央からのキックオフはプレースキックでなければならない」「オフサイドにいるプレーヤーは、いかなる場合でもボールを蹴ってはならない」といったことが計37項目記されている。こういった、ひとつひとつの細かな「ルール」があるのだが、それらのルールの最後には以下のように記されている。

「これらの〝ルール（rules）〟が『ゲームの法（the Laws of the game）』となった。よって、フットボールに関心を持つ誰もが、その遵守の実施のために全力を尽くすことが望まれる」

つまり、ゲームを進行する上でいくつかのルール（やり方）を決め、それらを知った上でゲームを楽しもうということ。ここでは、あくまでゲームの〝やり方〟を記しているのであり、このルールを守ることを第一の目的とはしていない。

そもそも、この『ラグビー校・ルールブック（1845）』には違反の際の罰則は記されていないのだ。自ら守るべきルールを知り、自ら遵守することによって、ゲームを楽しむ。それがラグビー誕生時の〝ルール〟なのである。

5　レフリーとアンパイアの違い

▼アンパイアの主な仕事は「二者択一」

ここで、ある質問をしてみたい。

「レフリーは、日本語ではなんと言うのでしょう?」

多くの人は「審判!」と答えるはずだ。実際、私の経験上、この質問に対する答えは、ほとんどが「審判」であった。

そこで次の質問。

「では、野球の審判は英語でなんと言うのでしょう?」

これに対して即答できる人は少ない。何人かからは「アンパイア?」と、「?」つきでちょっと語尾を上げた答えが返ってくる場合が多い。

そして最後の質問。

「ならば、レフリーとアンパイアはどう違うのでしょう?」

もはや、無回答。過去、幾人にもこの質問をしたが、レフリーとアンパイアの違いをはっきり認識している人は皆無であった。

さて、読者のみなさんはいかがだろうか。

確かに辞書を引けば、レフリーもアンパイアも「審判、審判員」などとある。なのに、なぜ英語では違っているのだろうか。しかも、類似するどころかまったく異なる言葉である。当然、それぞれに違う意味があるはずだ。

球技では、ラグビー、サッカー、ハンドボール、バスケットボールなどの〝審判〟はレフリーと呼ぶ。一方、野球、テニス、バドミントンなどはアンパイアである。

では、どこに違いがあるのだろうか?

野球のアンパイアの場合を見てみることにしよう。その主な仕事は、ストライクかボールか、あるいはアウトかセーフかを〝審判〟することである。もちろん、ボークを指摘するとか、雨の中での中断を決定するとか、ときには自分に唾《つば》をはきかけた監督を退場させるといったこともするが、もっとも多く、かつ重要な仕事は「白か黒か」といった二者択一の判定である。同様に、ボールがラインの外に出た、出ないの二者択一を〝審判〟することの多いテニスやバドミントンもアンパイアなのである。

▼レフリーの主な仕事は「仲裁」

一方、レフリーは、ラグビー、サッカーといった球技の他に、ボクシング、レスリング、プロレスといった格闘技にも存在する（なおレフリー＝refereeは、日本語で「レフェリー」と表記される場合もあるが、『日本ラグビーフットボール協会』発行の『競技規則』でもレフリーと表記されているため、本書でもレフリーとする）。

「白か黒か」をはっきりさせるアンパイアに対し、レフリーの主な仕事はどういったものなのか。それを考えるには、まずは、こうした格闘技におけるレフリーの役割を見るとわかりやすいかもしれない。

ボクシングの試合を考えてみよう。レフリーの見せ場は、なんといってもダウンした選手のカウントを数え、勝者の腕を高々と上げることではないだろうか。しかしながら、そのようなシーンは1試合で一度だけ。ダウンした選手のカウントを数えるような場面も決して多くはない。アマチュアボクシングならなおさらだろう。

ならば、レフリーはなにをやっているのか？　相手の下腹部へのパンチとかバッティングといった、本来やってはいけない「反則」（ファウル）を見極めることだろうか。実際のところは、「待て（ストップ）」とか「離れて（ブレイク）」とか、あるいは「始めて（ファイト）」と、もつれ合う両者の間に入って「まあ、まあ」となだめている場合が多いはずだ。要は、もつれてしまった両者の間に入って〝仲裁〟をしているのがレフリーの主な仕事で、杓子《しゃくし》定規に「白か黒か」といった二者択一をしているわけではない。

例えば一方がダウンした際、レフリーはカウントを数える。それが通常の〝審判〟としての職務であるはずだ。しかしレフリーはそればかりでなく、ダウンの状況や選手の打たれ具合を見て、カウントを数えずにＴＫＯ（テクニカルノックアウト）を宣言するという裁量を持っている。職務としては、カウントすることよりもその状況判断の方が重要であろう。また、一方の選手、あるいは両選手が消極的であれば「ファイト！」と言ってより激しく闘うことを要求し、場合によっては「消極的であること」を理由に減点することもある。それに対して、野球での「敬遠」という消極的なプレーに対し、アンパイアが「ストライクで勝負しなさい！」などと促すことはありえない。

つまりは、もめた際の両者の仲裁をしながら、試合がスムーズに運ぶ手助けをすることがレフリーの重要な仕事なのである。

▼多くのスポーツで、レフリーとアンパイアは共存している

実際、レフリーには「仲裁人、調停者」といった意味もあり、その語源である「refer」は「(事件・問題などを)任せる、付託する」といった意味だ。つまり、レフリーとは、ごちゃごちゃとした混乱状況を仲裁して取り持つことを依頼された人と言える。野球やテニスのように、アウトかセーフか、あるいはボールが外に出たか出ていないかといった二者択一の事項を〝審判〟するわけではない。さしずめアンパイアは0か1のデジタル、レフリーはその間が無限にあるアナログとでも言えようか。

とはいえ、実は、ボクシングにもアンパイア的＝デジタル的な〝審判〟がいる。それが「ジャッジ」だ。リング内にいるレフリーに対し、ジャッジはリング外で対戦者の闘いぶりを見ながら、両者のどちらが強いかをジャッジ(判定)する。もちろん引き分けもあるだろうが、基本的には二者択一であり、その〝判定〟をする、まさに〝審判〟である。

ラグビーでこれと同様の立場にあるのが「タッチジャッジ」だ。タッチジャッジも、基本的にはラインの外に出たか出ないか、あるいはゴールキックが入ったか入らなかったかといった二者択一をジャッジする。日本語ではレフリーを主審、タッチジャッジを副審と表現する場合

があるが、ラグビーの副審は「審判する者」という意味においてだけは正しいと言える。

実は、レフリーとアンパイアの違いをさらに如実に表しているのはテニスである。

テニスの〝審判〟は基本的にアンパイアであり、ボールがラインの外に出たか、出ていないかを審判し、得点をコールする。大会によっては「主審」である「チェアアンパイア」の他に「ラインアンパイア」「ネットアンパイア」など複数によってゲームが行なわれるが、いずれもアンパイアだ。しかし、より大きな大会になると、これらのアンパイアの他にレフリーが存在する。日本では「審判委員長」とか「大会委員長」などと呼ばれるが、これはゲームを公正に進行管理するための責任者のこと。つまり、なんらかの問題が発生し、アンパイアでは決めかねるようなことが起こったときは、このレフリーに委託されるのである（バドミントンでも同様のシステムがとられる）。

なお、アメリカンフットボールでもレフリーとアンパイアが共存している。ゲーム全体をコントロールするレフリーに対し、アンパイアは、スクリミッジライン（セットプレー時のライン＝ラグビーで言えばスクラムのようなもの）付近を注視しながらレフリーを補佐するのが主な役目だ。他にもヘッドラインズマン、ラインジャッジ、フィールドジャッジなど、アメフトには7人もの〝審判団〟（オフィシャル）がいる。アメフトは11人制なので、プレーヤー3・1人につき1人のオフィシャルがいて、おまけにメジャーまで使用する。一方、15人制のラグビーにレフリー（およびタッチジャッジ）は合計3名なのでプレーヤー10人につき1人。もちろん、単純に数字だけでは比較できないが、その権限や、インプレーの時間などを考え合わせてみれば、ラグビーのレフリーの職務がいかに多いかは想像できるだろう。

基本的に、レフリーはグラウンドやリングを自由に動き回って全体を見渡す。一方、ジャッジやアンパイアは定位置（動いても決められた範囲内）で判定をする。このように、アンパイアとレフリーでは明らかに役割が違うということがおわかりいただけると思う。

▼レフリーは「審判」ではない

いま一度確認してみよう。「白か黒か」といった二者択一の判定を主にするのがアンパイア、またはジャッジ。入り乱れた両者を仲裁するのがレフリー。

そこで先の質問、「レフリーは、日本語ではなんと言うのでしょう?」の回答は?

確かにアンパイアについては「審判」と言えるが、レフリーを単純に「審判」とは言いにくいと思う。最終的になにかを〝審判〟するにしても、重要なのはその前段階の仲裁なのである。

では、仲裁者? 委託者? それもまた、馴染めない言葉だろう。

私が思うに、レフリーはあくまでレフリー。判定を下す「審判」ではなく、試合の仲裁をするレフリーである。その本来の役割を認識した上で、レフリーはレフリーと言うべきだろう。日本語の訳語がないのはおかしい、と思う人もいるかもしれない。日本でラグビーを楽しみたいのなら日本語を使用すべきだ、と。ならば問いたい。「タックルは日本語でなんと言うのでしょう?」。あるいはスクラムは? トライは? ゴールは?

仮にタックルを「摑み倒し」と和訳したとして、タックルの概念を理解することはできるだろうか。タックルとはなんであるかを理解するためには、単純に和訳するよりも、そのままタックルという言葉を使用した方が理解しやすいのではないかと思う。ラックやモールを和訳するのも難しいし、スクラムに至っては、もはや「スクラムを組む=力を合わせる」といった意味の〝日本語として〟定着しており、ラグビー以外でも使われている。トライやゴールもしかり。ましてや、ラグビーをいまさら「ラ式蹴球」と呼ぶことに大きな意味はないだろう。

日本生まれながら、いまや世界的なスポーツとなった柔道。世界では「ジュウドウ(JUDO)」であり、「一本(IPPON)」も「技あり(WAZA-ARI)」もそのまま日本語を使用する。ちなみに、柔道の主審は英語で「レフリー(REFEREE)」であり、2人の副審は「ジャッジ(JUDGES)」と、本来の役割と名称が一致している。

重要なのは、レフリーという言葉の持つ意味、概念を理解することである。概念より、観念と言った方がいいかもしれない。レフリーをいつまでも「審判」と思っていては、ラグビーのレフリーに対して誤解や偏見が消えないばかりか、ラグビーというスポーツの本質を理解することもできないはずだ。当然のことながら、自らを「審判」と名乗るラグビーのレフリーが、本来のレフリーの職務を果たすことも難しい。

6　レフリーは「反則をポケットにしまう」？

▼レフリーより先にキャプテンが誕生した

ラグビーのレフリーは審判ではなく、あくまでレフリーである。そのことをしっかり理解した上で、次にラグビーのレフリーとはどんな人なのかについて改めて考えてみたい。なぜなら、それがラグビーのルール（Law）と、ひいてはラグビーそのものを理解するために重要だからだ。

まず確認しておきたいのは、サッカーであれラグビーであれ、それぞれの団体（『FA』と『RFU』）ができ、ルールが成文化された時点で〝さえ〟グラウンドにレフリーはいなかったということである。

もともと、フットボールが村の祭りごとであったことはすでに述べているが、祭りとして楽しむ限りでは、レフリーなどいなかったということは理解できるだろう。しかしながら、その後ゲームとして行なわれ、「ルールをつくって公平に闘おう」となったときでさえ、レフリーは存在していなかった、つまり不要だったのだ。

では、どうやってゲームをしていたのか？　試合中になんらかの〝ルール違反〟や揉《も》め事が起きた際には、両チームのキャプテンが話し合って解決していたのである。

つまり、ラグビーというゲームにおいては、レフリーよりキャプテンが先に誕生していた。ラグビーのキャプテンが、他のスポーツのキャプテンに比べて、より大きな責任と職務を負っているということが、この史実からも推測できる。ラグビーのキャプテンの役割は、ゲーム前にコイントスをして陣地を決めるだけではないのだ。

▼レフリーが登場するまでの経緯

とはいえ、ラグビーというゲームがさらに広範な地域で行なわれていくにしたがって、キャプテンだけで全ての問題を解決するには限界が見えてくる。

例えばチーム間、キャプテン間によって認識が違う、慣習が異なるというトラブルだ。類似のプレーでも、一方にとっては危険と思われるが、一方にとっては勇気のあるプレーと思われる場合もある。同じ文化圏、習慣の中であればまだしも、その範囲が広がるほどに認識も異なってくるはずだ。

そこで登場したのが、レフリーならぬ「アンパイア（umpire）」だ。各チームから1名ずつアンパイアを指名し、もし試合中に問題が発生したときには、まずはキャプテンがアンパイアに異議を申し立て、その上でアンパイア同士が問題を〝審判する〟という形式だった。このアンパイアの登場が1866年。『ラグビー・フットボール・ユニオン（RFU）』発足以前のラグビー校のルールで決められた。その後1871年に『ラグビー・フットボール・ユニオン（RFU）』が発足し、その際に制定されたルール（ロー）ブックの中では「両チームのキャプテンが、全ての議論の唯一の調停者である」と成文化されている。その後1875年に、もし必要であればアンパイアを指名してもよいということになる。

さらに時が経《た》ち、アンパイア2名では問題がスムーズに解決できないということになり、最終的な判断を〝任せる（refer）〟という形で、ようやくレフリーが登場する。それが1884年。同年のスコットランド対ウェールズの試合でレフリー（referee）が試合の仲裁を任された。

この試合ではアンパイアは置かず、まさにレフリー1人に委任されたが、翌1885年に1人のレフリーと2人のアンパイア制となる。その後、1889年に「タッチジャッジ」という役割が登場。但しこの時点では「2名のタッチジャッジまたは2名のアンパイア」を置くとされ、ふたつの役割が共存していた。そして1893年、ラグビーの世界からアンパイアが消え、試合は1名のレフリーと2名のタッチジャッジ制となったのである。

ちなみに現在、タッチジャッジはアシスタントレフリー（レフリーの資格を持つ者・後述）が務める場合があるが、かつてはタッチジャッジは各チームから1名ずつ選出されていたため、チームの前キャプテンが代表してタッチジャッジを務めるということが多かった。

▼「アドバンテージ」とはなにか

こうして生まれたラグビーのレフリーは、どんなことをするのか見てみよう。

現代のラグビーのレフリーにおいて際立って特徴的なのは、アドバンテージの適用である。サッカーにもアドバンテージの適用があるが、ラグビーほど頻繁に適用されず、またラグビーほど多様でもない。

英語でのアドバンテージとは「有利、利益」という意味だが、ラグビーではアドバンテージ・ロー（ADVANTAGE LAW）として、それを適用するか否かをレフリーが決める。例えばAチームに反則行為があった。しかし、それを罰しない（ゲームを止めない）方が相手のBチームに有利になるとレフリーが判断した場合、そのままプレーを継続させる。但し、継続したもののBチームに特に有利にならなかった場合は、その時点で笛を吹いてもとの反則の地点に戻すというものだ。

簡単な例で説明しよう。Aチームがボールを前に落としてノックオン（基本的なルールならBチームボールのスクラムとなる）。しかし、その落としたボールをBチームが拾って前進すれば、Bチームのアドバンテージ（有利）となるのでプレーを継続。但し、その後Bチームがノックオンすれば、最初にAチームがノックオンした場所に戻される。最初のAチームのノックオンを認め、Bチームボールのスクラムで再開することになる。この場合、後に起こったBチームのノックオンは問われない。

もちろん、このアドバンテージは、ノックオンといった軽微な反則以外にも、あらゆる場面で適用されるが、ラグビーを見慣れない人にはなかなか理解できないもののようだ。

特にレフリーを審判と思っている人にとっては、たとえ一時的にせよ、反則を〝見逃す〟という行為が馴染まないのだろう。野球やテニスのアンパイアにとっては、〝見逃さない〟というのが最大の職務なのであり、相手への影響などを問うことなく反則は反則にすぎないからである。

▼「アドバンテージ」に込められたラグビーの思想

レフリーの間には、次のような金言がある。

「いいレフリーは、反則をポケットにしまうことができる」

この言葉が、日本のレフリーの間でどれほど知れ渡っているか、あるいは金言としてどれほど尊重されているかはわからない。ましてや、一般の人が「反則をポケットにしまう」と聞けば、「反則を見逃す」「見て見ぬふりをする」とも受け取れるため、通常の審判（アンパイア）の概念ではとうてい理解不能だろう。

「反則をポケットにしまう」とはずいぶんと極端な言い方ではあるにしても、実は、それこそがラグビーのレフリーに許された〝特権〟であり、同時に最大の使命であるとも言える。

では、「反則をポケットにしまう」とはどういうことか？　ラグビーの『競技規則』（正しくは『Laws of the Game Rugby Union』。以降、便宜上『ルールブック』とすることがある）をひもといて、改めて見てみよう。

もちろん、『競技規則』に「反則をポケットにしまう」という言葉があるわけではないが、その意図を見てとることができる。

「第8条　アドバンテージ」には、定義として以下のようにある。なお、本書文中における『競技規則』(『ルールブック』)からの引用は、以下【太字】で表記する。

【アドバンテージの規則は、他の大部分の規則(most other Laws)**に優先し、その目的は、反則による競技停止を少なくしプレーの継続を一層計ることにある】**

つまり、「プレーの継続」のためには、反則があっても笛を吹かなくてよい(反則による競技停止を行なわない)ということ。少なくとも、笛を吹くより吹かないことを優先させるということだ。このことからも、ラグビーにおいていかにプレーの継続が重要であるかがわかると思う。同時に、いまもそこにあるのは、先に述べた、慣習法をもとにした「ルールよりゲーム」の思想なのである。

▼ラグビーのプレーヤーの〝動き〟には、ほとんど制限がない

ラグビーの試合で、もしうまいレフリーが『競技規則』に書かれたルールをもとに反則を全て取り始めたら、その数はかなり増えるはずだ。ラグビーは15人対15人がグラウンドで入り乱

れるので、『競技規則』上の「やってはいけないこと」はしばしば起こる。

例えば、スクラム時に相手を摑む方法、正しい足の位置、押す際のタイミング。あるいはラインアウト時の並ぶ間隔、ジャンプの際の義務、投げ入れるボールの方向……。

他にも、モールだラックだ、タックルだと、次から次へとプレーが展開し、なおかつ、それぞれの状況によって様々なオフサイドラインが発生する。おまけにラグビーは、倒れた選手はプレーをしてはならない（倒れて相手の邪魔をしてはいけない。但し、相手より先にボールに倒れ込んで確保することは許される。倒れるという行為自体は反則ではない）。そして、ご承知のように、ボールを前に投げてはいけない、落としてはならない……。あれがダメ、これがダメと、全てルールをもとに笛を吹いていたのでは、ゲームの継続などできない。そのために、アドバンテージを上手に適用しながら、ゲームをいかに継続させていくかが求められているのである。

では、なぜ『競技規則』には、そのように事細かにルールが記されているのだろう。

あらかじめ言っておくが、他のスポーツも、規則自体はかなり細かいものだ。それでもラグビーのルール（Law）がことに細かく、わかりにくく思われる理由のひとつは、ラグビーのプレーヤーの〝動き〟が、他の球技に比べてほとんど制限がないということである。つまりラグビーのプレーヤーは、自分の身体を使ってほとんどなにをやっても許される。そのことを説明するためには、「なにをやってもよいか」を言うより「なにをやってはいけないか」を列挙した方が早いだろう。

ゲームの進行中にやってはいけないこととして、オフサイドをしてはいけない（攻撃側はボールの前方からプレーに参加してはいけない）、スクラム、ラックの中のボールを手で扱ってはいけない、というルールがある。

ただ、それらはゲームを進行させる上のルールにすぎない。もちろん、顔面を殴る、踏みつける、空中にいる相手にタックルするなど、安全を損なうことは許されないが、それらは一部の格闘技を除けば、他のスポーツでも許されないはずだ。だが、それら以外では、身体の動き自体に制限はないのである。

つまり、手も足も自由に使える（サッカーでは基本的に手は使えない）。ボールを持ってどの方向にでも自由に全力疾走できる（バスケットボールやハンドボールではボールを持ったら動きに制限がある）。思いきり身体を相手に当てることができる（ネット型球技にはありえない）。

なお、アメリカンフットボールはラグビーと同様にほぼ制限がないが、ヘルメットやプロテクターなどの防具をつける義務がある。それに対してラグビーは、人間の持つ肉体の能力を、本能のまま、ほぼ自由に使えるわけである。道具や防具（ヘッドギアなど一部を除く）を使わないということは、ラグビーが古くより続く祭りの「群衆フットボール」から生まれたことの証明でもあるわけだが、ともあれ、身体を自由に使って思いきりなにをやってもいいので、そのぶん、プレーヤーの動きも複雑になってくるのである。

▼ラグビーの『競技規則』は「自由」と「安全」との闘い

となると、『競技規則』にはなにが求められるのか？　それは、まず安全性だ。「自由に動いて（暴れて？）もいい」と「安全性」という、ある種の〝矛盾〟を解決するために、『競技規則』には様々な記述がなされている。

仮に、本来の「フットボール」の「人間の持つ肉体の能力を、本能のまま、ほぼ自由に使える」という特性を無視すれば、「安全性」はより容易に手に入る。肉体の一部の使用を規制する（サッカーは手の使用を禁止することによって、「フットボール」が持っていた激しいボールの奪い合い、押し合いをなくした）、全速力で走らせない（バスケットボールは、ドリブルと歩数の規制でコンタクトをなくした）等々。もちろん、コンタクトのないネット型球技であるなら、はじめから安全性にそれほど神経を使う必要もないだろう。しかしながら、ラグビーの『競技規則』は、常にその〝矛盾〟と闘ってきたのだ。

現在の『競技規則』を開くと、第1条から始まる各条文の前に、『ラグビー憲章』が記されている。『ラグビー憲章』はラグビーをプレーする上で重視すべき点を記しているもので、その点については本書の終章で詳述するが、現在の改定版以前の旧版にあった「競技規則制定の原則」の第一には「安全性」とある。

以下、同「原則」は、第二に「平等な参加機会」（体格や能力によらず誰もが参加できる）、第三に「独自性の維持」（前方へのパスを認めない、タックルを許すなど）、さらに「プレーの継続」と続いていく。これらを守るために『競技規則』は制定され、また改正されているのである。

極論するならば、「プレーヤーの身体の動きの自由」と「ラグビーの独自性」を保障するために、『競技規則』は存在していると言える。「ラグビーのわかりにくさ」の背景にあるのは、つまりそういうことなのである。

▼「自由」の保障によって、様々な個性が参加できる

「身体の動きの自由」をとるか、「競技方法のわかりやすさ」をとるか？

同じ「フットボール」から生まれたサッカーは、後者を選択した。そのことは、サッカーが世界中に広まる上での一助になったと言えるだろう。一方で、その「制限」から、サッカーは

ある特定の体型を持った者だけが楽しむ競技に集約されていく。ゴールキーパーなど一部のプレーヤーを除けば、一流選手になるほど、その体型は似通ってくる。ほとんどのプレーヤーが、足でボールを扱い、走り回るという特定の能力を極めていくからだ。

しかしラグビーは、「身体の動きの自由」を保障することによって、様々な体型の人間が個性を活《い》かして参加できるスポーツに発展していった。すなわち、小さくとも（例えばスクラムハーフ）、太っていようとも（例えばプロップ）、その能力を個性として最大限に発揮できる。「小さなプレーヤーには大きなスペースがある」とは、小柄ながらもスピードを活かして多くのトライを取ったある有名選手の残した言葉だが、そういった各個性が協力してこそ勝利することができるスポーツへと進化したのである。

それゆえに、同じアドバンテージルールがありながらも、サッカーとラグビーとでは、レフリーの職務に大きな差が生まれているのだ。様々な体型のプレーヤーが、身体能力の全てを使い、しかも両チーム計30人が複雑な動きをするラグビーでは、グラウンド上で様々な〝現象〟や〝出来事〟が起こる。その中で、レフリーは「ゲームの継続」を優先させなくてはならないのである。

7　ラグビーならではの「アドバンテージ」と「プリベント」

▼「16人以上」でプレーして得点しても認められる？

ともあれ、ラグビーのレフリーにとってアドバンテージの適用は難しいものである。

先に示した、Aチームがノックオンしたという簡単な場面のアドバンテージの例だけを見ても、ノックオンの直後に①相手に有利になる可能性があるか（アドバンテージ）、②実際には有利にならなかったか（ノー・アドバンテージ）、③どの時点で明らかに有利となったか（アドバンテージ・オーバー）、を判断しなければならない。実際の試合では、ノックオンのみならず様々な反則がグラウンドのあらゆる場所で起きるので、地域的に、そして戦術的にどれくらい有利となったか（アドバンテージがあったか）を場面ごとに判断しなければならない。もちろん、その判断はできる限り正確、適切でなければならないし、当然のことながら、判断するのはレフリーのみである。選手、監督はもちろん、タッチジャッジまたはアシスタントレフリーにもその権限はない。

実際『競技規則』にも**【レフリーは、試合中においては唯一の事実の判定者であり、競技規則の判定者である】**と明記されている。おまけにレフリーは、タッチジャッジまたはアシスタントレフリーから「タッチに関することおよび不正なプレーに関することの助言があったとき」のみ**【決定を変更することができる】**のであり、さらに、ワールドカップや世界トップレベルの試合で見られるＴＭＯ（テレビジョンマッチオフィシャル＝ビデオレフリー。トライなどにかかわる難しい判定のみをビデオで確認する）以外は**【誰の意見も求めてはならない】**。それほどまでに重責を負っているのがレフリーなのである。

ところで、そのレフリーの決定がいかに重いかを示すおもしろい例を紹介しよう。それは、選手の人数に関すること。ご承知のようにラグビーは15人制だが、**【レフリーは、プレーヤーの人数が多すぎると認めれば直ちに、そのチームのキャプテンに適切な人数に減らすよう命ずる。ただし、申し立てた時点での得点は変わらない】**とある。

つまり、どちらかのチームが16人以上で試合に臨み得点をしたとしても、いったんレフリーがそれを認めてしまえば覆らないというのである。それほどまでに、レフリーの決定は絶対というわけだ。そこには、「ラグビーをする者には、故意に人数を増やして試合をするような人間はいない」というプレーヤー性善説があるが、一方で、牧歌的とも言えるような「ルール」

——法（Law）であり慣習法——が残るのも、ラグビーのラグビーたるところではあろう。

▼互いに損得がなければ反則ではない

このようにとても難しいアドバンテージではあるが、言うならば、アドバンテージをうまく適用できるレフリーはうまいレフリーである、ということだ。すでに触れているように、アドバンテージはプレーの継続のためである。さらに繰り返せば、プレーの継続は『競技規則』で推奨されている。だからこそ、「いいレフリーは、反則をポケットにしまうことができる」という金言が生まれたのだろう。そして同様に、レフリーは「反則をポケットにしまう」ためにこんなことも言う。

「ゲームに影響した反則のみを吹く」

これまた、アンパイアには理解できない〝名言〟と言える。裏を返せば「ゲームに影響しない反則は、反則であっても笛を吹かない」ということだ。

現象を目にして、単純にルールに照らすだけで反則を取ったらきりがない。実際、多くのレフリーは、スクラムの際にルールで決められている腕の組み方（バインド）だけを見て笛を吹くことはない。たとえその組み方が「反則」であっても、その組み方が〝原因で〟スクラムがくずれる、あるいは危険な状態となった場合だけ笛を吹くのである。ラインアウトの際のルールでは「お互いのチームが1メートルの間隔を空けなければならない」ことになっているが、その間隔が95センチであったからといって笛は吹かない。あるいは、ペナルティキックが行なわれる際のルールは「相手チームは10メートル後方に下がらなければならない」のだが、それが9・5メートルでも、あるいはときに8メートルしか下がっていなかったとしても、互いに損得がなければ反則の笛を吹かないというのが実際のところだ。

▼レフリーは「反則しないで」と声をかける

互いに利益がなければ多少の反則は見逃すということは、『競技規則』の以下のようなところにも明記されている。

【〈ボールがレフリーに触れた場合〉ボールまたはボールキャリアーがレフリーに触れ、双方いずれの側も利益を得なかった場合には、プレーを続行する】

現象によって杓子定規に笛を吹かなくてもよい、ということである。さらには、

【〈偶然のオフサイド〉オフサイドにあるプレーヤーが、やむなくボールまたはボールキャリアーに触れた場合は、偶然のオフサイドである。そのプレーヤー側が利益を得なければプレー

は続行する】

つまりは、オフサイドという反則に抵触したときでさえ、互いに損得がなくゲーム自体に影響がなければ、継続が優先されるわけだ（但し、一方に利益があった場合はスクラムによって再開される）。ラグビーの「ルール」（Law）の根底にあるこうした継続に対する追求が、「ゲームに影響した反則のみを吹く」という言葉を生んだとも言える。まさしく「ルールよりゲーム」の思想である。

こうした「継続への追求」のため、現代ラグビーのレフリーには、他のスポーツにない〝特権〟が与えられている。

おそらくはラグビーのレフリーにしかありえない特徴、それは「プリベント」だ。「プリベント」とは「予防する、防ぐ」の意味だが、なにを予防するのかと言えば、ラグビーのレフリーが反則自体を予防してしまうのである。

では、ラグビーのプリベントとはどういうことか？　わかりやすく説明する上で、交通違反を取り締まる警察官に喩《たと》えてみたい。一言で言えば、ラグビーのレフリーはあらかじめ「一方通行の出口」側に立つのだ。

他のスポーツのレフリー（またはアンパイア）は、「一方通行の入口」側に立っているはずである。彼らは交通違反（反則）が起きた場合に、それを取り締まる。したがって、一方通行の入口側から出てきた交通違反のクルマを見つけて切符を切る。それが職務であろう。

一方、ラグビーのレフリーの場合は、違反（反則）をさせないため、あらかじめ一方通行の出口側に立ち、違反をしそうな（一方通行を逆走しそうな）クルマを見つけたら、事前に「ここには入らないで」と声をかけるのである。ご丁寧にもそうすることによって、反則の数を減らそうというわけだ。

反則を〝見逃す〟ばかりか、反則をさせないために〝声をかける〟。これはラグビーのレフリーだけが持つ〝特権〟であり、ラグビーというスポーツの特殊性を表している。

軽い反則を〝見逃す〟という点では、ボクシングなどでなきにしもあらずだが（ヒジが相手に当たったとしても、相手が意に介さないような状態ならわざわざ試合を止めない）、プレーの最中に「反則しないで」とわざわざ声を出す、場合によっては叫ぶのは、ラグビー独特のものだろう。ましてや、「白か黒か」という判定を下すアンパイアには絶対にありえないはずだ。

国内外を問わず、テレビでラグビー観戦をしていると、試合中にレフリーがしきりに喋《しゃべ》っている声が聞こえると思う。それが「プリベント」である。

例えば、「リリース・ザ・ボール（抱えているボールを離して）」、「ハンズ・オフ（ボールから手を離して)」、「ロールアウェイ(倒れている人はどいて)」、「ステイ・バック(オフサイドしないように後ろに下がっていて)」、「プレー・オン(なんでもないから続けて)」……。

これらの声は、レフリーがゲームの流れや各場面に応じ、選手たちが反則をしないようにプリベントしているのである。もし、一切のプリベントなしにゲームの反則を取り締まっていたら、なおかつアドバンテージを適用せずに笛を吹いていたら、ラグビーのゲーム中の反則の数はかなり増えるに違いない。

▼厳格すぎるレフリーへの疑問

ラグビーとそのレフリーについて述べてきたが、ポイントをいま一度整理してみよう。

- ゲームは、祭りから〝進化〟したものである。
- レフリーは仲裁者、委任された人である。
- ルールは単なる「規則」ではなく「法(Law)」であり、それは「慣習法」である。
- アドバンテージの規則(Law)は、他の大部分の規則に優先する。
- レフリーは声をかけて反則を「予防(プリベント)」することができる。

●『競技規則』の適用の原則は、安全の次に「プレーの継続」に優先順位を置く。

現在、日本のレフリーの中にはルールにたいへん厳格な方もいるようで、例えば、ボールがほんの少し前方に流れたスローフォワード（ランナーから放たれるボールには慣性の法則が働くことを無視・後述）や、ボールと無関係な場所で倒れてしまった現象（継続よりルールを重視）を反則として笛を吹くなど、「ルール」（Law）の意味と「プレーの継続」の重要性を考えていないような判定もしばしば見られる。

一方でプレーヤー、コーチ、観客の中にも、ほんのわずかなノックオンに「ノックオン！ノックオン！」と声を上げ、反則でないのにもかかわらず「オフサイド！」と叫ぶ人がいる。だが、改めてラグビーの歴史を振り返ってほしい。人々は祭りを楽しんでいたのである。そして、より多くの人が楽しめるように『ルールブック』すなわち『Laws of the Game』を制定した。だが、まだそこにレフリーはいなかった。そののちに、ゲームを安全に、そして公平に楽しむためにゲーム中の判断を〝レフリー〟に委任（refer）したのだ。しかも「プレーを継続させる」ことを最優先に。

現在の『ラグビー憲章』の「競技規則の原則」の項目の中には、以下のような記載がある。

【競技規則（The Laws）**はプレーをする上で楽しく**（enjoyable）、**見る上でおもしろい**（entertaining）**ゲームのための枠組みを提供する】**

【この適切なバランスを達成するために、競技規則は常に見直されている】

それが「競技規則の原則」=「Principles of the Laws」なのだ。だからこそ、ラグビーのルールは毎年のように改正されているのである。おわかりいただけただろうか。

では、これまでの長い慣習の中で見直されてきたラグビーのルール、『競技規則（The Laws）』とはどういうものなのか。それを次章から具体的に見てみよう。

第1章　オフサイドをひもとく

1　なぜボールを前に投げてはいけないのか？

▼「ものを後ろへ投げる」という不自然な行為

ラグビーの反則の中で、広く知られ、かつ特徴的なものと言えば、ボールを前に投げてしまう「スローフォワード」だろう。

ラグビーは、ボールを持って走る、蹴る、投げる（パスする）ことによってボールを敵陣側に進め、最終的に相手のインゴール（ゴールラインの先の一定区域の地面）にグラウンディングする（ボールをつける）ことを目的としている。しかし、ボールを投げる際に前方へパスすることは許されていない。プレーヤーたちは、ボールを相手のインゴールまで運ぶことを目的にボールを持ち、前へ前へと走りつつ、ボールを後方へ投げながら前進をはからなければならないのだ。

考えてみれば、これはかなり矛盾した行為に見える。そもそも日常生活でも「ものを後ろへ投げる」というのはほとんど行なわれない行為と言えるだろう。なにかを誰かに投げて渡すにしても、ゴミをゴミ箱に投げ入れるにしても、前方へ投げるのが自然な行為だ。ボールを後ろに投げる、という不自然な行為、さらには、ボールを前進させるためにボールを後方に投げるという、なにやら矛盾しているようで非日常的でもある不思議なルール。こんなルールが、なぜラグビーには採用されているのだろうか。

▼「オフサイド」の定義

現在の『競技規則』の「第7条　競技方法」には、以下のように記されている。

【試合はキックオフによって開始される】

あまりにも当たり前と言えば当たり前のことだが、他方、「第11条　一般のプレーにおけるオフサイドとオンサイド」の定義には以下のように記されている。

【試合開始時にはプレーヤーはすべてオンサイドである】

キックオフで試合が始まる前、プレーヤーは全員がオンサイドであるという。これも当たり前と思われることだが、では、このオンサイドとはどういうことなのだろうか。第11条の定義には、続けて以下のように記されている。

【試合が進むにつれて、オフサイドの位置となることがある。そのようなプレーヤーは再びオンサイドとなるまでに、競技に参加すれば反則が適用される】

オンサイドとオフサイド。オフサイドという言葉はよく耳にするが、これはなんのことなのか？

オフサイドが「反則のひとつである」と思っている人は多いだろうが、そもそも、オンサイドとオフサイドの〝サイド〟とはどういうことなのかを正しく理解している人はどれほどいるだろうか。わかっているつもりでも、ラグビーの初心者にそのことを説明して理解してもらうのは意外とやっかいである。

前記の定義には、続けて以下のようにも記されている。

【一般のプレーでは、プレーヤーがボールを持っているかまたはプレーした場合に、そのプレーヤーの前方にいる味方のプレーヤーはオフサイドである】

簡単に言えば、ボールを持っているプレーヤーの**【前方にいる味方のプレーヤーはオフサイド】**ということ。さらには**【オフサイドとは、プレーヤーが一時的にプレーできないことを意**

味し、かつ競技に参加すれば反則が適用される位置にあることをいう】と記されている。しかしながら、一方で【プレーヤーは、オフサイドの位置にいるからといって自動的に反則となるのではない】とも記されている。

つまりは、「オフサイド」とは単純に反則を意味するわけではなく、「オフサイドという位置にいる」際に使う言葉であり、その「サイド」が「オフ」か「オン」かを分ける際の言葉なのである。

では、「サイド」とはなんなのか？

▼「サイド」とは「陣地」である

一般に、英語の「サイド（side）」は「わき、側面」といった意味だが、他に「対立するものの、一方の側」といった意味もある。このような意味で、サッカー、ラグビー、テニスなどのスポーツにおける〝陣地〟を指す言葉として使われているのが「サイド」だ。

よく「ラグビーは陣取りゲームである」という言い方をする。ひとつのボールを持って、相手側の陣地深くに入り込みながらインゴールにボールを運ぶことによって得点するからだ。そして重要なのは、その際の基準がボールであるという点。つまり、ボールを持って前進すればそこまでが自分たちの陣地となる。言い換えるならば、ボールを持っているプレーヤーより前方の地域は、まだ相手側の陣地であるということ。当然、試合中はボールが前後左右と大きく動くわけだが、常にボールを基準にしてそのサイド＝陣地を決めていることになる。

そして「オフ」か「オン」かの違いは、そのボール、またはボールを持っている人を基準にしながら決められる。つまり「オフサイド」とは、「自分たちの陣地（サイド）を離れて（オフして）相手側の陣地にいる」ことを意味し、「オンサイド」は、「自分たちの陣地（サイド）にいて（オンして）、プレーに参加できる状態」を意味する。ちなみに、レフリーが「オフサイド」として反則の笛を吹いた際は、「オフサイド」という反則を犯したわけではなく、「自分たちの陣地（サイド）を離れて（オフして）相手側の陣地にいるプレーヤーが、プレーに参加したことに対する反則」ということである。

▼問われているのは陣地であり、投げる行為ではない

そこで、冒頭の根本的な疑問に戻りたい。

ラグビーでは「なぜボールを前に投げてはいけないのか？」

その回答は、ボールを基準とした陣取りゲームであるラグビーにおいて「ボールより前方に

いる味方プレーヤーは自分たちの陣地（サイド）を離れて（オフして）いる」ので、その**【プレーヤーが一時的にプレーできないことを意味し、かつ競技に参加すれば反則が適用される位置にある】**ため、そのプレーヤーに向かってボールを投げてはならないからである。言い換えれば、スローフォワードとは「オフサイドの位置にボールを投げる」ということでもある。

ちなみに、ボールを持ったプレーヤーが後ろを向きながら〝自陣側〟に向かってボールを自分の〝前方に投げる〟行為は許されており、実際の試合でもときたま起こる。問われているのはあくまで陣地（サイド）であって、投げる行為そのものではないということだ。

このことは、ラグビーでよく起こるノックオンにも通じている。ノックオンとは、周知のように**【プレーヤーがボールを落としボールが前方へ進む】**ことだが、ここでも**【「前方へ」とは、相手側のデッドボールラインの方向へ、という意味である】**と定義されている。つまり、ここでもボールを〝落とすこと〟が問われているわけではなく、ボールを前方＝相手側のデッドボールラインの方向＝相手陣地（サイド）へ手で進めることが問われているのだ。

なおスローフォワード、ノックオンともに、起きた際は、相手ボールの投入によるスクラムとなるが、これは反則というより思わず投げてしまった、落としてしまったというミスによる結果と考えられている。実際、条文の上では**【故意でないノックオンまたはスローフォワー**

ド】は**【その起った地点においてスクラムを組む】**とされており、一方で**【故意のノックオンまたはスローフォワード】**に関しては**【プレーヤーは、手または腕を用いて故意にボールを前方にノックしたり、故意にスローフォワードをしてはならない】**とし、相手にペナルティキックを与えることになる。つまり、故意であるか否かでその罪の重さとその後の再開の方法は大きく異なってくる。

ボールを基準とした陣取りゲームでは、敵陣（オフサイド）にいる味方にボールをパスすることは許されていない。よって、故意にパス＝スローフォワードやノックオンをすれば、反則として相手側にペナルティキックが与えられる。しかしながら、ルールをわかっていながら、故意ではなくミスとして犯した場合はスクラムで再開されるというわけである。

そして、ボールを投入するのはミスを犯したチームの相手側だ。**【例えば、プレーを継続する能力がないために…ボールを前に落としたり、前に投げたりしたチームは、その後のスクラムでのボール投入が許されない】**と『ラグビー憲章』に記されている。ラグビーでは「継続」が重要視されているという点は、再三記してきた通りだ。もちろん、たとえ**【ボールを前に落とし】**ても、相手側が拾って継続されるようであればアドバンテージが適用され、プレーは続く。

2　オフサイドは反則だが、「影響」をより重視する

▼レフリーは「相手側から利益を奪ったか」を判断する

【故意のノックオンまたはスローフォワード】は相手にペナルティキックを与える反則であるが、そうでない場合はペナルティキックとはならず、スクラムで再開される。ノックオンもスローフォワードも、広義では、オフサイドにいるプレーヤーにボールを運ぶ、あるいは渡す行為ではあるものの、故意でなく単なるミスであるならばペナルティ（罰）は与えられないということだ。では、ノックオンされたそのボールを〝オフサイドの位置にいる〟プレーヤーが拾った場合はどうなるのだろうか？

そもそもプレーヤーは**【試合が進むにつれて、オフサイドの位置となることがある。そのようなプレーヤーは再びオンサイドとなるまでに、競技に参加すれば反則が適用される】**ということはすでに記した。ボールを拾うことは**【競技に参加】**したと言えるはずだが、そこはルールよりも現場でのプレーを重視するラグビーなので、ノックオン後のプレーに関しては、以下

のような条文が別にある。

【プレーヤーがノックオンしたボールを、オフサイドの位置にある味方のプレーヤーがプレーしたとき、そのプレーで相手側から利益を奪った場合にはオフサイドの罰を科す】

味方によってノックオンされたボールの前方に位置するプレーヤーは**【オフサイドの位置にある】**ことになり、ボールを拾うことはプレーすることに違いないが、ここで重視されるのは**【相手側から利益を奪った場合】**にのみ**【オフサイドの罰を科す】**ということ。例えば、味方がノックオンをした際、ルールを正しく知り、さらにその状況を正しく判断できたプレーヤーであれば、オフサイドの位置でボールに対してプレーはしないはずなので問題はないだろう。だが、ルールを知りつつも状況を正しく理解できず自分がオフサイドの位置にいると気付かなかったり、思わずボールに対して反応してしまう場合もあるはずだ。その際レフリーは、そのプレーが**【相手側から利益を奪った】**か否かを適切に判断することになる。

例えば、ノックオンしたボールを相手チームのプレーヤーが拾おうとした直前に、オフサイドに位置するプレーヤーが先に拾ってしまえば**【相手側から利益を奪った】**こととなり、そのプレーヤーの意図にかかわらず**【オフサイドの罰を科す】**、すなわち相手チームにペナルティキックを与えることになる。これは「ノックオンオフサイド」と言われる反則だ。一方で、たとえノックオンしたボールをオフサイドの位置にいた味方プレーヤーが拾ったとしても、その周辺に相手チームのプレーヤーがいなければ**【相手側から利益を奪った】**とは言えないので、単なるノックオンとして相手チームボールのスクラムとなる。ノックオンというミスをしただけだからスクラムで再開となるわけである。重要なのは「現象」ではなく、その後の「影響」であり、その判断をレフリーに委ねることになる。そこがまさに、反則を見つけて笛を吹く審判ではなく、ゲームの進行をスムーズに進めるために判断を委ねられたレフリーのレフリーたるところと言えよう。

▼「偶然のオフサイド」とは

実は、こういった発想はノックオンに限らず、通常のオフサイドにも適用されている。ラグビーのゲームの中では「アクシデンタルオフサイド」という反則がある。これは、文字通り「偶然のオフサイド」。オフサイドの反則はもともと相手のペナルティキックとなる重い反則だが、この「アクシデンタルオフサイド」の場合は、相手チームボールによるスクラムとなるだけだ。条文でも以下のように表現されている。

【オフサイドにあるプレーヤーが、やむなくボールまたはボールキャリアーに触れた場合は、

偶然のオフサイドである】

ここでの**【やむなく】**は、原文では「cannot avoid（避けられなかった）」と記されている。これは、故意ではなくまさに「やむなく」オフサイドとなってしまった場合のことを言っているのだが、注目すべきは続く以下の条文である。

【そのプレーヤー側が利益を得なければプレーは続行する。そのプレーヤー側が利益を得た場合は、スクラムを組み相手側が投入する】

つまり「オフサイドという反則の現象」が起きたとしても、**【そのプレーヤー側が利益を得なければ】**反則にはならないということなのだ。さらには、仮に同チームが利益を得たとしても、それは**【やむなく】**なのであるからペナルティ（罰）を与えるのではなく、あくまで**【スクラムを組み相手側が投入する】**ということになる。

例えばラグビーのゲーム中には、ボールを持ったプレーヤーが前方にいる味方プレーヤーに当たってしまう場合がある。特に、フォワードのプレーヤーが密集サイドを突進する場合などによく見られる光景だが、その「現象」が起きたとしても**【そのプレーヤー側が利益を得なければ】**プレーは継続となる。仮に同チームが利益を得たとするならスクラムとなるが、利益を得たか否かの判断は、レフリーに委ねられるということになる。

あるいは、相手が自陣奥深くに蹴り上げたハイパントのボールを味方のフルバックとウィングが互いに取り合おうとして、後方のフルバックがキャッチ。直後、前方にいた味方ウィング（＝オフサイドにあるプレーヤー）がボールを持つフルバックと**【やむなく】**接触したとしても、「現象」としてはオフサイドだが、そのチームはなんの利益も得ていない。いや、利益を得るどころか損をすることにさえなるはずだ。となれば、プレーは継続されるということだ。

ちなみにボールまたはボールキャリアーがレフリーに触れた場合も考え方は同じ。**【双方いずれの側も利益を得なかった場合には、プレーを続行する】**ことになり、**【いずれかの側が利益を得た場合には、レフリーはスクラムを命じ、最後にボールをプレーした側がボールを投入する】**ことになる。レフリーにボールが触れた際に無条件に笛を吹くのは簡単だが、「いずれかの側が利益を得た」か否かの判断を委ねられているからこそのレフリーである。

▼ルールの目的は「プレーヤーのスキルを自由に発揮できるようにさせる」こと

類似の場面では、他にこのような条文もある。

【プレーヤーが前方にいる味方のプレーヤーにボールを手渡した場合には、ボールを受けたプレーヤーはオフサイドである。その行為が故意である場合にはペナルティキックを科し、故意

でない場合は偶然のオフサイドと見なし、スクラムを組み相手側がボールを投入する】

前方で手渡しされたボールを受けた場合は**【オフサイドである】**と明記しながら、その行為に対してペナルティ（罰）を与えるか否かは、「現象」でなく故意であったか否かという「意図」次第としている。その点を「見なす」のがレフリーの仕事であることは言うまでもない。

以上のことから、ノックオンやスローフォワード、さらにはオフサイドという、本来は反則となるべき「現象」が起きても、その「影響」やプレーヤーの「意図」をレフリーが判断しながら笛を吹く、というか、できるだけ笛を吹かないようなルールになっているということがわかるはずだ。その背景には、やはり「プレーの継続」を最優先するという発想がある。

なぜか——。先にも記したが『ラグビー憲章』の「競技規則の原則」には以下のような記述がある。

【競技規則はプレーをする上で楽しく、見る上でおもしろいゲームのための枠組みを提供する】

プレーヤーにとっても、また見る者にとっても、できるだけゲームを楽しめるようにつくられているのがラグビーのルールである。さらには、続けてこのような記述もある。

【プレーヤーにプレーヤーの持つスキルを自由に発揮できるようにさせることで、喜びと楽しみが大きくなる。この適切なバランスを達成するために、競技規則は常に見直されている】

「現象」としての反則があったとしても、「影響」や「意図」を考えて、できるだけ笛を鳴らさないようにする。さらにはプレーヤーにそのスキルが発揮できるようにプレーをさせる。その原則のために**【競技規則は常に見直されている】**のである。

3 ラグビーでは手を使ってボールを前進させてはいけない——のだが!?

▼なぜ、後方へ投げたボールが前方でキャッチされるのか?

ゲーム中にできる限り笛が鳴らないようにつくられているのがラグビーのルールだ。その点は、スローフォワードについてもよく表れている。

前述のように、スローフォワードとは「オフサイドの位置にボールを手で投げる」ということである。ボールを基準に陣地を稼ぐラグビーにおいては、前方＝相手陣地側に向かってボールを投げることは許されていないのだ。現在の定義の上でも、**【スローフォワードとは、プレーヤーが前方にボールを投げるか、またはパスすることをいう】**とされ、**【「前方へ」とは、相手側のデッドボールラインの方向へ、という意味である】**と記されている。

では、以下のような場合はどうなるであろうか――。

ボールを持った俊足のセンター13番が相手陣地に向かって全力で走り、その右側後方に味方のウィング14番が走っている。その状況で、13番がセンターライン上で14番にボールをパスする。すると、14番はセンターラインを越えた位置でボールをキャッチした。つまり、13番の投げた位置より14番が受けた位置が前方であった場合である。

実際の試合ではよくあるケースで、特にラグビーのプレー経験のある者であればこういった状況は体験しているはずだ。さて、これはスローフォワードか否か？

このような場面、レフリーによってはスローフォワードの笛を吹いたり吹かなかったり、あるいは観戦者ならば、目の前でこういった場面を目撃すると自信を持って「スローフォワード！」と叫ぶ場合も見受けられる。

その点について、まずは改めて条文を見てみよう。そこには、スローフォワードとは**【プレーヤーが前方にボールを投げる**（a player throws … the ball forward）**】**とある。文字通り「スロー（throw）・フォワード（forward）」だが、ここで問われているのはあくまで「フォワード」への「スロー」である。先の場合、ボールを持っていた13番は〝後方に〟いる14番にボールを〝投げた〟のであって、決して〝前方〟には投げていない。だが、14番は投げた位置より〝前方〟でキャッチしているのもまた事実である。では、なぜ後方へ投げたボールを前方でキャッチするのだろうか。そこには物理の法則である「慣性の法則」が働いているからだ。

▼正当に投げたボールの「結果」は問わない

「慣性の法則」とは、簡単に言えば「運動している（動いている）物体は、運動状態を保とうとする」というもの。

例えば、高速で走る新幹線に乗っていたとする。そのとき、シートに座ったAが通路を挟んで隣に座っているBにリンゴを投げて渡そうとする。投げるAは単純にリンゴを真横に投げればBの手元に届くはずだ。この点は難しい物理の法則を考えずとも、誰もがなんの疑問も持たずに行なう日常的な行為だろう。

そこで、Aがリンゴを投げた地点とBがリンゴを受けた地点を客観的に考えてみよう。リンゴがAからBへ移動する際、新幹線は猛スピードで前進しているのである。Aがリンゴを投げた地点aに対し、Bがリンゴを受けた地点bは明らかに前方にあるはずだ。仮に、ホームに立つ人間Cがそのリンゴを目撃できたとするならば、リンゴはCの目の前を〝前方〟に移動していることになる。これが「慣性の法則」の結果である。新幹線の中で高速で運動（移動）している物体が、その運動状態を保とうとしているということだ。この法則は、当然のことながら斜め後方に投げたリンゴに対しても同様に働く。Aが斜め後方の座席の人間にリンゴを投げたとしても、ホームに立つCの視点で見れば、リンゴは必ず前方に動いて見える。

この法則の逆の現象は、高速で走る新幹線が急ブレーキをかけた際に起こる。急ブレーキ後、乗客は前のめりに倒れるはずだ。新幹線の中で高速で運動（移動）している人間がその運動状態を保とうとしているため、ブレーキをかけた直後に前方に運動（移動）しようとするからである。こういった現象も、日常生活の中で誰もが体験することだろう。

さて、そこで先のパスの場面。ボールを持った13番が相手陣地に向かって走りながらa地点でボールを放し、その右側後方の14番がb地点でキャッチした。となると、b地点はa地点より前方になるはずである。もちろん、13番の走るスピードや投げる距離、方向によってb地点に違いは出るものの、そのボールに「慣性の法則」が働いていることに間違いはない。それが自然の摂理である。

そこで問題なのは、「ボールを〝後方に〟投げた後、慣性の法則で前方へ飛んだボールはスローフォワードになるのか否か」。

世界の常識では「否」である。条文で問われているのはあくまで**【前方にボールを投げる】**

ことであって、「前方に投げてはいない」ボールが、その後、どの方向へ飛んだとしても関知しないということだ。つまり「スローフォワード」ならぬ、結果的にボールが前方へ飛んだ「フライフォワード」に笛は鳴らないのである。ラグビーの「競技規則の原則」からしても、正当に投げたボールに対して、その後の結果次第でいちいち笛を吹くこと自体が原則に反していると言えるだろう。

そもそも、投げた後の結果次第で笛を吹くというのなら、明らかに〝後方〟へ投げたボールが突風で〝前方〟に飛ばされ、投げた地点より前の地面に着地すればスローフォワードとなるのか？　はたして、そういう場合でも笛が鳴るラグビーのゲームを観客は求めているのか？　ということである。座席に座っている観客からすれば、目の前で投げられたボールがその前方でキャッチされる場面を見れば――走る新幹線の中のリンゴをホームで見るように――「スローフォワード」と思いがちだが、実際はプレーは継続される。それがラグビーなのである。

▼「パスするプレーヤーの両腕」がどちらへ動いているか

ちなみに、ラグビーから派生した13人制の「ラグビーリーグ」ではルールが異なり、投げられたボールが、その後、前方に進めば＝「推進（propel）すれば」反則となるため、13人制、

15人制ともに人気の国ではその違いが理解されやすい。しかし、日本など13人制の「ラグビーリーグ」があまり普及していない国、あるいはラグビーの文化が根付いていない国――つまりラグビーのルールの「競技規則の原則」が広く認識されていない国では、スローフォワードに関する「慣性の法則」がなかなか理解されにくく、しばしば議論が起こるようだ。

そのせいかどうか、2016年には、スローフォワードの定義に一部改訂があった。従来の**【スローフォワードとは、プレーヤーが前方にボールを投げるか、またはパスする】**に加え、**【**（それは）**すなわち、ボールをパスするプレーヤーの両腕が相手側のデッドボールラインの方向へ動いていることをいう】**という一文が追加されたのである。

これは、逆に言うなら**【パスするプレーヤーの両腕が相手側のデッドボールラインの方向へ動いて】**いれば、物理的にもボールは前方へ進み、行為としても文字通り「フォワード」へ「スロー」したことになる。**【パスするプレーヤーの両腕が相手側のデッドボールラインの方向へ動いて】**いなければ「スローフォワード」には値せず、その後、ボールがどの方向へ飛んでもかまわないということを意味する。

改めて記すが、〝後方〟へ投げたボールが突風で〝前方〟に飛ばされたら笛が鳴って、継続が妨げられるようなスポーツを、一体誰が望んでいるのか？　ということである。

4　キックで前進が基本だが、キックチャージで目の前の世界が変わる⁉

▼「トライ」の本当の意味

ラグビーではボールを前方に投げてはいけない。なぜなら、ボールを基準にした陣取りゲームで、敵陣にいる味方にボールを渡してはならないからである。但し、レフリーは無暗《むやみ》に笛を吹けばよいというわけではない。

そこまでは理解していただけたのではないかと思う。だが一方で、ラグビーをよく知らない人ならば以下のような素朴な疑問を持つかもしれない。

「では、なぜボールを前に蹴って進めることは許されるのか？」

現在、世界のラグビーを統括する組織は『ワールドラグビー（WR）』だが、2014年の名称変更までは『インターナショナル・ラグビー・ボード（IRB）』であり、1997年までは『インターナショナル・ラグビー・フットボール・ボード（IRFB）』と、「フットボール」を名乗っていた。

本書の序章で触れたように、ラグビーは祭りごとであった〝ある種のフットボール〟から生まれたものであり、ボール（のようなもの）を足で蹴り合うことは基本中の基本なのである。現在のラグビーにおいても、試合の開始はキックオフから行なわれるのであり、そのキックは**【ボールが相手側の10メートルラインに達する】**ように〝前方に〟蹴らなければならない。

そもそもラグビーは**【トライが得られた場合には、トライした側がゴールキックによりゴールすることができる】**ものであり、トライが得られない場合でも**【ドロップキックからゴールすることでドロップゴールとなる】**。つまり、ボールを蹴って〝前方の〟ゴールにボールを入れれば得点となるのが基本であり、そのことで勝敗を争っている。

ちなみに、現在、得点となる「トライ」とは、本来、文字通りの「トライ＝試み」であり、それはゴールキックにトライすることを意味する。『ラグビー校・ルールブック（１８４５）』にも、「ゴールにトライすること（TRY AT GOAL）」として「それ（ボール）はポストの間のバーを越えなければならない」と記されており、越えなければ無得点。たとえ何度「トライ」をしてもゴールが決まらなければ得点とはならず、そのため「全ての試合は、もし3日以上、5日以内にゴールが決まらなければ引き分けとする」とされていた。５日間も試合をするところがいかにも祭りごとの延長であるとも言えるが、いずれにせよ、キックでゴールをすることがラグビーのひとつの大きな目標である。

　１８７６年には、ゴールの数が同数の場合はトライをした数で勝敗を決めることになるが、トライはあくまでも無得点。トライで得点が与えられるようになったのは１８８６年だが、当初は1点であり、その後のゴールキックは2点、ドロップゴールは3点であった。つまり、ボールを相手インゴールにつけるトライより、キックでゴールを決める方が価値があったということだ。その後、幾度かのルール改正の中でトライが2点、３点、４点と価値を上げ、１９９2年に、トライ5点、トライ後のゴールキック2点、ドロップゴール3点というルールとなった。現在では、さらにトライ6点というルール改正も検討されている。

　なお、トライ後のゴールキックをコンバージョンキックと呼ぶが、これはトライを得点にコンバージョン（conversion＝転換）させるためのキックという意味だ。

▼ラグビーの「プレー」とは「触れる」こと

閑話休題。ボールを手で前に投げてはならないが、蹴って前に進めることは許されるどころか、それがひとつの目標。それがラグビーの基本なのである。但し、『ラグビー校・ルールブック（１８４５）』でも、すでにキックに際してのオフサイドは明確化されている。

「自身の側（サイド）を離れているプレーヤーは、いかなる場合でもボールを蹴ってはならない」

そして、オフサイドの位置にいるプレーヤーに関しては、以下のように記されている。

「もし、ボールが自分より後方にいる味方に触れたならば、相手側がボールに触れるまでは、そのプレーヤーはオフサイドである」

実は、この点は以下のように、現在の条文でそのまま踏襲されているのである。

【一般のプレーでは、プレーヤーがボールを持っているかまたはプレーした場合に、そのプレーヤーの前方にいる味方のプレーヤーはオフサイドである】

ここで確認しておかなければならないことは、ラグビーにおける「プレー」についてだ。通常、プレーとはなんらかの意思を持っての行動のように思われるが、ラグビーにおいての「プレー」とは、その意思にかかわらず、単純に「触れる」ことを意味する。現行の『競技規則』でも**【プレーされた**（Played）**：ボールがプレーヤーに触れられた場合、ボールはプレーされたことになる】**と定義されており、『ラグビー校・ルールブック（1845）』のルールが引き継がれていると言える。この点は、ラグビーでタッチとなった際、そのプレーヤーの意思にかかわらず、ボールがタッチになる直前にボールに触れた側が〝タッチに出した〟ことになることからもわかるだろう。

▼キックチャージとオフサイド

ラグビーはキックでボールを前進させてもかまわない。が、ボールを蹴った**【そのプレーヤーの前方にいる味方のプレーヤーはオフサイド】**であり、**【オフサイドとは、プレーヤーが一時的にプレーできないことを意味し、かつ競技**（game）**に参加すれば反則が適用される位置にあることをいう】**という点は、ラグビーのルールができた当初から変わらぬ基本である。

では、いったんオフサイドとなってしまったプレーヤーは、いかにすればオンサイド、つまり「競技（game）」に参加できるのだろう。『ラグビー校・ルールブック（1845）』では「相手側がボールに触れるまでは」オフサイドであるとしている。その点、現行のルールでは以下のように記されている。

【相手側のプレーヤーが故意にボールに触れ、しかもそのボールを受け損なったとき、そのオフサイドにあるプレーヤーはオンサイドとなる】

例えば、キックチャージが起こった場合について考えてみよう。

キックチャージとは、相手がボールをキックする際、そのボールに対し身を挺《てい》して、キック

キックチャージ（2015年ワールドカップ、スコットランド戦）

されたボールの前進を阻もうとすること。ラグビーでは正当なプレーとみなされており、その際は、たとえ手にボールが当たってもノックオンの笛は鳴らず、継続されるプレーである。

仮に、AチームのA1がボールをキック。その時点でA1より前方にいるAチームのA2はオフサイドの位置にいることになる（Bチームにオフサイドはない）。その際、A2の前にいたBチームのB1が、A1のキックしたボールをチャージしたならば、その瞬間にA2はオンサイドとなり、落ちたボールをどの位置から拾ってもかまわない。一方B1がチャージし、ボールがB1の前方に落ちたならば、今度はB1より前方にいるB2はオフサイドの位置にいることになる（Aチームにオフサイドはない）。

図1　キックチャージ

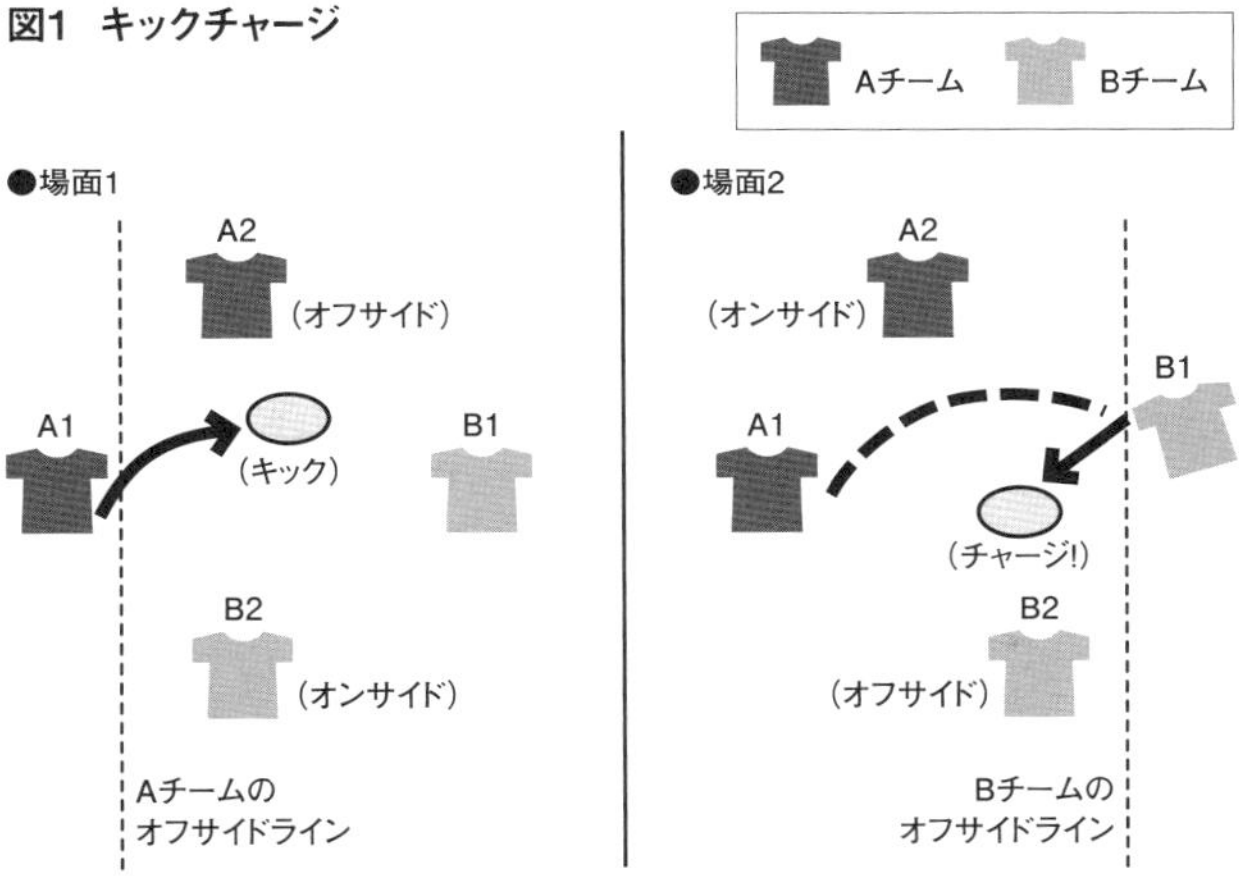

整理してみよう。

- Aチームキック→Bチーム全員オンサイド＆Aチームキッカーの前方にいるAチームのプレーヤーはオフサイド（図1・場面1）。
- Bチームチャージ→Aチーム全員オンサイド＆Bチームのチャージしたプレーヤーの前方にいるBチームのプレーヤーはオフサイド（図1・場面2）。

これがオフサイドとオンサイドの基本的な関係だ。実際のゲームにおいては、オンサイドになる条件が他にもいくつかあり、より複雑にはなっているものの、まずはこの基本の理解が必要である。

ここで確認すべきは、オフサイドはAとBという両チームによって異なるということである。

オフサイドが適用されるのはいずれか一方のチームのみ、つまりボールを最後にプレーした＝触ったチーム側にのみ適用され、その相手側にはオフサイドは適用されない。ボールに対しては、全員が360度どの方向からもプレーすることが許されるという点である。

しかしながら、ラグビー経験がある者にとっては、ここで新たな疑問が浮かぶかもしれない。「オフサイドの反則は、アタック側にもディフェンス側にも起こるのではないか」と。その疑問はある意味、正しい。実はオフサイドには、まったく異なる「4つのオフサイド」があるからである。

5　4つのオフサイド？

▼「一般のプレー」とはなにか

ボールをプレーした、つまりは〝触れた〟プレーヤー側のチームにのみオフサイドが適用され、その相手チームにはオフサイドはない。

実は、この状況はラグビーにおける「一般のプレー」で起こることである。ここで「一般のプレー」と聞いてもあまりピンと来ないかもしれないが、実は、『競技規則』の原文でも「general play」と記されている正式なラグビー用語なのだ。

では、なにが〝一般的〟なのか。これはオープンプレーとも呼ばれるもので、スクラム、ラック、モール、ラインアウトが発生せず、ボール、またはボールキャリアーが自由に動いている状態のこと。『ラグビー校・ルールブック（1845）』の中では、オフサイドはこうした〝一般的〟なプレーの中でしか適用されず、その他のオフサイドは反則ではなかったのである。いや、それ以前に、当時はラックやモール、ラインアウトはおろかルール上のスクラムさえ存在していなかった。もちろん、「一般のプレー」という用語はのちに決められたもので当初はなかった。つまり、ラグビー初期の〝一般的〟なプレーがまさに「一般のプレー」である。

当時、地上にあるボールに対して互いのプレーヤーが集まり密集をつくり、そのボールを蹴り合いながらボールを争奪する行為が行なわれており、そのことをスクラメッジ（scrummage）と呼んでいた。但し組み方や人数といったルール上の規制も、その言葉の定義自体もなく、単にスクラメッジという〝一般的〟な言葉として使用していただけである。それがのちにスクラム（scrum）として発展し、ルールが整備されていくわけだが、当時はまだスクラム時のオフサイドというものは明確にされていなかった。ラック、モール、ラインアウトに至っては、そういったプレー自体が行なわれていなかった。類似の行為は行なわれていたかもしれないが、少なくともラグビーのルール上の決まりはなにもなかったのである。

しかし現在のラグビーでは、前記のようにオフサイドは4つの種類に分けられている。それが、①スクラム時のオフサイド、②ラック、モール時のオフサイド、③ラインアウト時のオフサイド、そして、もっとも古くからある④「一般のプレー」時のオフサイドである。

▼ラック、モール時のオフサイド

ラグビーがボールを基準とした陣取りゲームであるということは、再三記してきた。最終的には相手陣に攻め入り、ゴールキックを決めて勝利をするのだが、その途上でそれぞれの起点となるのがスクラムであり、ラック、モールであり、そしてラインアウトである。

例えばラック、モールについて考えてみよう（なお、ラックとモールはボールが地上にあるか、プレーヤーが手にしているかの違いがあるものの、オフサイドに関してはまったく同じ考え方である。ラックとモールについては第3章で詳述）。フィールド上でラックができたとする。するとどうなるか。現行の条文には以下のようにある。

【双方のチームに1本ずつ、ゴールラインに平行して2本のオフサイドラインが発生する。そ

れぞれのオフサイドラインはラックの中の最後尾の足を通る】

ここではじめて**【双方のチームに1本ずつ】**の別々のオフサイドラインが発生するのである。そして**【それぞれのオフサイドラインはラックの中の最後尾の足を通る】**。つまり、Aチームにとっては、ラックに参加している＝形成している味方の**【最後尾の足を通る】**ラインであり、Bチームにとっては味方の**【最後尾の足を通る】**ラインであり、それらのラインはタッチラインからタッチラインまでの**【ゴールラインに平行して2本のオフサイドライン】**となる。

これはなにを意味するのか。それは陣地を獲得したということである。つまり、Aチームにとっては、ラックに参加している味方の**【最後尾の足を通る】**ラインまでがAチームの陣地（サイド）。同様にBチームにとっては味方の**【最後尾の足を通る】**ラインまでがBチームの陣地（サイド）。それゆえ、**【ラックに参加するプレーヤーは、ラックの中の最後尾の味方の足の後方から参加しなければならない】**のであり、**【プレーヤーが相手側からラックに参加したり、最後尾の味方の前方に参加した場合、そのプレーヤーはオフサイドである】**としてペナルティ（罰）が与えられる。

つまり、ラックが形成されたということは、いったんはそこまでの陣地を獲得したという証であり、その陣地（サイド）を離れて（オフして）前方からラックに参加する、あるは敵の陣地

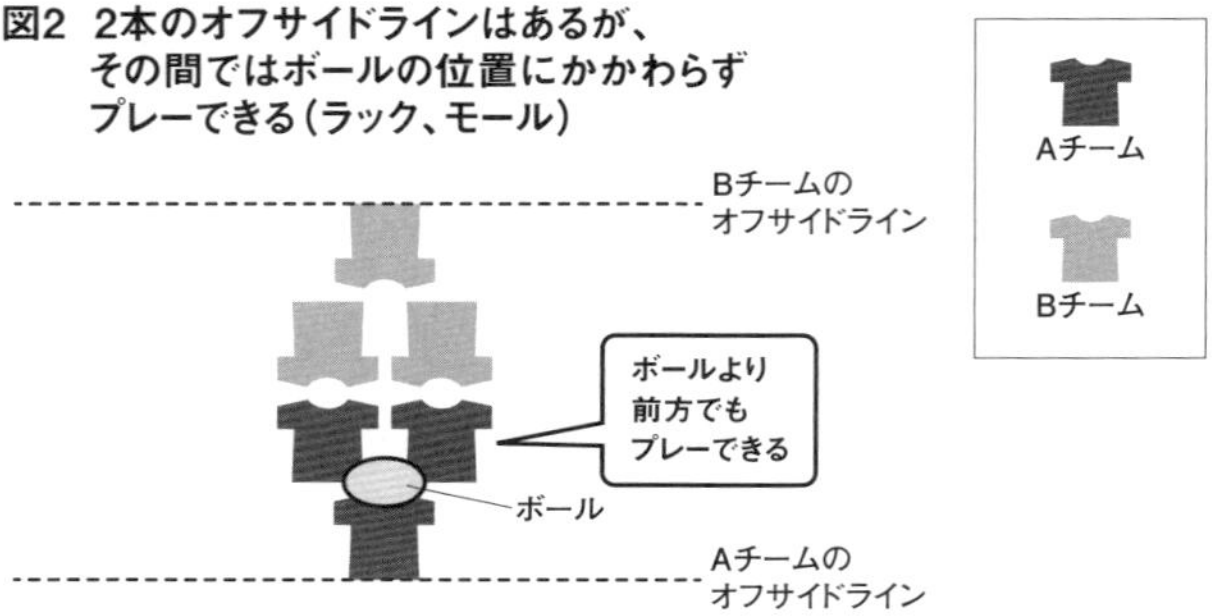

図2　2本のオフサイドラインはあるが、その間ではボールの位置にかかわらずプレーできる（ラック、モール）

（サイド）に居残り続けるということは許されないということだ。

なお、ここでは確認すべきことがある。オフサイドラインはAとBのチームそれぞれの**【最後尾の足を通る】**異なるラインで計2本となるわけだが、では、この2本の間はどうなるのか。ルール上ではこの間でラックが形成されていることになり、実際のゲームではそこでボールの争奪戦が行なわれる。この区域はいわば陣地の取り合いの最中の〝戦場〟であり、その区域内で闘っている者にとっては「オフサイドはない」。言い換えれば、この区域内では「オフサイドの基準はボールではない」ということである。例えば、ラック、モールに正当に参加しているならば、ボールの前方でプレーをし続けてもよいということだ（図2）。この点がボールを基準とした「一般のプレー」との大きな違いだ。

図3　オフサイドラインの前方から入る「オフサイド」の反則

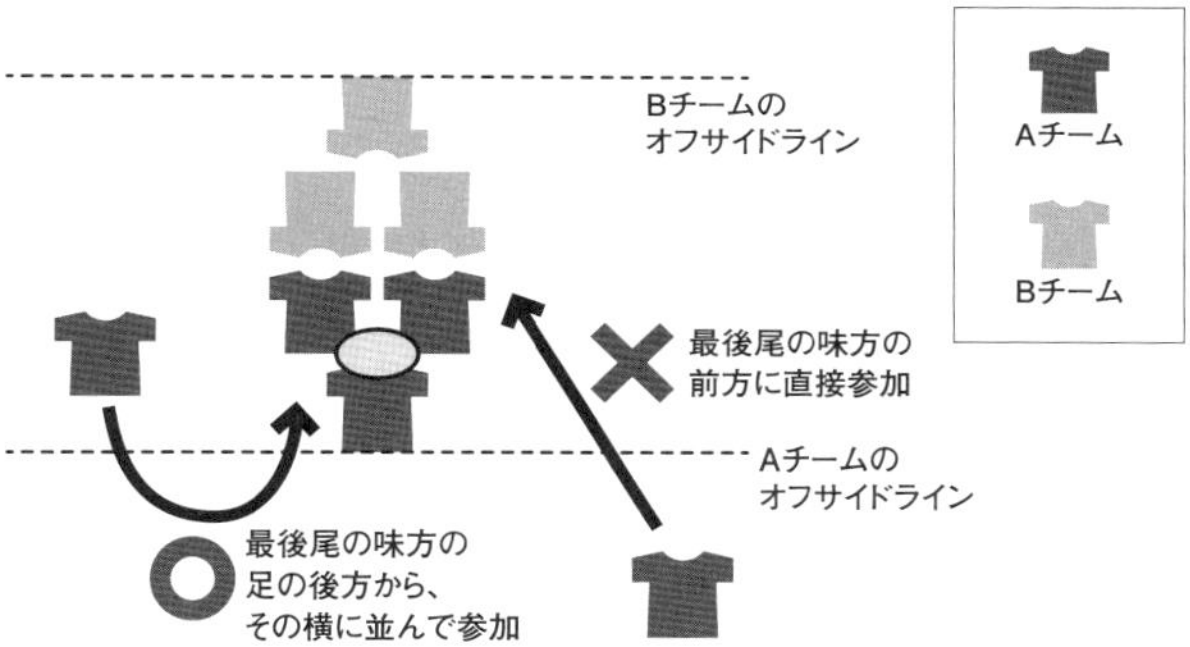

但し、いったんラック、モールから離れてしまった（戦場から離脱してしまった）ならば**【そのプレーヤーは直ちにオフサイドラインの後方に退かなければならない】**。そして**【ラックに参加するプレーヤーは、ラックの中の最後尾の味方の足の後方から参加しなければならない】**のであり、**【プレーヤーが相手側からラックに参加したり、最後尾の味方の前方に参加した場合、そのプレーヤーはオフサイドである】**ということになる（図3）。スパイのように相手陣側に留《とど》まりながら加勢する行為は卑怯《ひきょう》だというわけだ。

▼スクラム、ラインアウト時のオフサイド

こういった点はスクラム、ラインアウトでも基本的には同じである。

スクラムについては第2章で詳述するが、【スクラムが形成されているとき、スクラムに参加していないプレーヤーは直ちにオフサイドラインまで退かなければならない】のであり、その【オフサイドラインは、ゴールラインに平行なラインであり、スクラムに参加する各チームの最後尾のプレーヤーの足の位置よりも5メートル後方のラインとなる】。スクラムに参加しているプレーヤーに関しては、【スクラムの形成は、双方それぞれ8人のプレーヤーによらなければならない。その8人のプレーヤーは、スクラムが終了するまで継続してバインドしていなければならない】（傍点は筆者）とされている。「バインド（バインディング）」とは【手から肩までの腕全体を接触させて、他のプレーヤーの肩から腰の間の胴体の部分をしっかりとつかむこと】と定義されているように、そこから離れる（オフする）ことは許されていない。

ラインアウトについては第5章で詳述するが、【ラインアウトに参加していないプレーヤー（通常は、バックス）にとってのオフサイドライン】は【ラインオブタッチの後方10メートルでゴールラインに平行な線あるいは味方のゴールラインのうち、いずれかラインオブタッチに近い方の線が、オフサイドライン】。【ラインアウトに参加しているプレーヤー（通常は、フォワードの全員か数人、スクラムハーフ、およびボールを投げ入れるプレーヤー）にとってのオフサイドライン】は、【ボールが投げ入れられ、プレーヤーまたは地面に触れるまでは、ライ

ンオブタッチがオフサイドラインであり、プレーヤーまたは地面に触れた後は、ボールを通りゴールラインに平行な線がオフサイドラインである】と、少々複雑ながらも、チームによって、そしてラインアウトに参加しているか否かによって異なっている。

「オフサイドの反則」と一言で言っても、実はこれほどに多様で複雑なのだ。それでもオフサイドの反則の基本は「陣地（サイド）」を「離れて（オフして）」プレーに参加するということ。そして本来は、「一般のプレー（general play）」から生まれているということである。

第2章　スクラムをひもとく

1　スクラムは、整然とした〝乱闘〟である

▼スクラムの定義

ラグビーと聞いて、真っ先に思い浮かぶのはスクラム。スクラムのないラグビーは考えられない、という人も多いことだろう。

スクラムとは8人対8人で組み合い、互いに押し合いながらその中に投入されたボールを獲得するもの。現在の『競技規則』では以下のように定義されている。

【スクラムは、フィールドオブプレーにおいて、互いにバインドして3列になった8人ずつのプレーヤーによって形成され、双方のフロントローは頭を交互に組み合う】

そして**【スクラムの目的は、軽度の反則あるいは競技の停止があった後、早く、安全に、公平に試合を再開することである】**としている。

他にも、スクラムの中にできる**【トンネルとは、双方のフロントローの間の空間をいう】**と か、**【スクラムの中央の線とは、トンネル内の、双方のフロントローの肩の接点で作られた線の真下の地上に想定される線をいう】**など、それぞれの言葉が定義されており、さらにはスクラムを組む際の姿勢や相手を摑む場所、組んだ後のボールの投入方法に始まり、くずれてしまったらどうなるのか、なにをやったら反則でペナルティとなるのか等々、事細かに記されている。

▼スクラムの語源は「摑み合い、乱闘、小競り合い」

一方、『ラグビー校・ルールブック（1845）』では、どのように記されているのか。そこには「チームの先頭にいる者以外は、ハッキングされない。但しスクラムは除く」という一文に〝スクラム〟があるのみだ。

ここでスクラムは「スクラメッジ（scrummage）」と記されているが、スクラム（scrum）はもともとスクラメッジの略称であり、現在でも、海外ではスクラムをスクラメッジと呼ぶ場合もある。では、そのスクラメッジとはどういうものなのか。当時の『ラグビー校・ルールブック（1845）』には定義はもちろん、その他一切の記述がない。では、定義も決められたルールもない状態で、当時は、一体どうやってスクラム、いやスクラメッジを組んでいたのだろうか？

実は、細かな定義やルールがなくても、彼らのやっていたラグビーの基本はこのスクラメッジであり、まさにスクラメッジそのものを自然に行なっていたのだ。

「スクラメッジ＝scrummage」は、「スクリミッジ＝scrimmage」とも言うが（スペルのuとiが異なる）、それは「摑み合い、乱闘、小競り合い」といった意味の単語だ。

▼スクラムの起源は自然発生

昔の絵画などを見るとわかるのだが、当時のラグビーは、ひとつのボールの周りにかなりの数のプレーヤーが集まり、密集をつくっている。

すでに触れたように、ラグビーは村の祭りを発祥としており、当初、そこにスポーツとしての厳然たるルールはなかった。ひとつのボールを男たちが奪い合い、押し合いへし合いしながら前進を続け最後はゴールを決める。それが根源的なルール＝やり方である。それらが村から

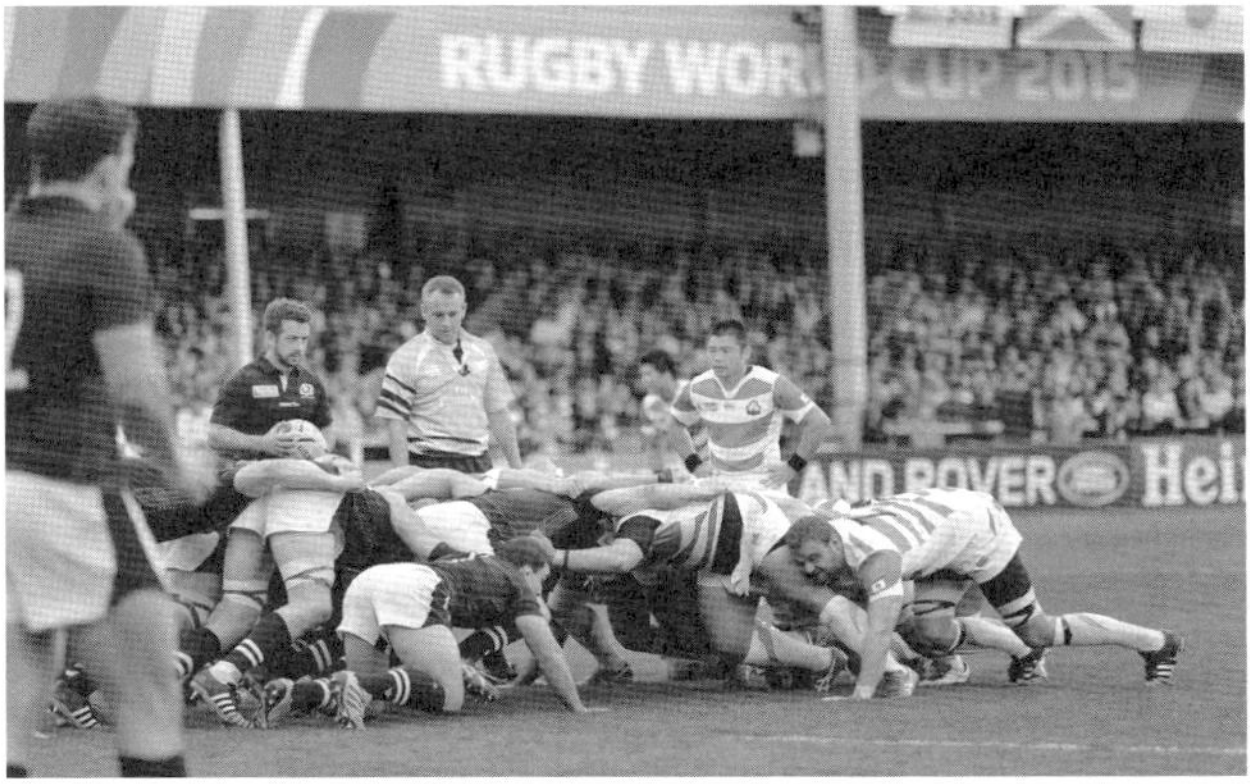

スクラム（2015年ワールドカップ、スコットランド戦）

広場へ、広場から校庭へと範囲を狭めながらルールが整備されていくのだが、当初からスクラムやラインアウトといったプレーがあったわけではない。

男たちの力が試されるのは、あくまで押し合いへし合いしながらのボールの争奪だ。現在のラグビーで言うところのモールやラックであるが、こちらもまだルールとしては整備されていない。ゲームに参加する男たちは、地面に転がったボールに群がっては、激しい奪い合い＝スクラメッジをしたのである。しかも、先の古いルールからもわかるように、このスクラメッジの中ではハッキングも許された。

ハッキングとは、相手の向こう脛を蹴ること。ボールを奪う、あるいは蹴って前進させる中で、相手の向こう脛を蹴ったり、足を引っかけたりすることが許されていたのだ。ちなみに、このハッキングについては「かかとによる蹴り、または膝から上に対する蹴りは許されない」が、一方で「靴やブーツのかかとや底にクギや鉄のプレートを装着してはならない」とのルールがあった。わざわざ禁止にしているのだから、実際にそのような行為が行なわれていたのだろう。

また、当時のボールはあまり弾まなかったはずで（豚の膀胱《ぼうこう》からできていたという）、蹴って前進させることは簡単ではなかったと思われる。そのため、力自慢の男たちが相手を押し、暴れ、地面にあるボールの周辺で相手の足まで蹴り合って押し込み、もみ合うことになる。そのなかで、自然発生的にできたのがスクラムなのだ。

男たちがボールを奪い合う状況、それはまさに「摑み合い、乱闘、小競り合い」である。だからこそ、それらは「スクラメッジ＝scrummage」なのである。現在で言う密集戦だ。それが当時のラグビーそのものなのであり、したがって、スクラメッジを定義する必要も、わざわざ新たなルールをつくる必要もなかった。スクラメッジがスクラムとして整備されていくのはのちのことで、もみ合いに収拾がつかなくなった際、仕方がないのでスクラムから再開しようと決めたのが、その歴史的経緯である。

▼ラグビーとアメリカンフットボールの違い

前述のように、現在の『競技規則』では**【スクラムの目的は、軽度の反則あるいは競技の停止があった後、早く、安全に、公平に試合を再開することである】**とされている。

ここでの「軽度の反則（a minor infringement）」とは、ノックオンやスローフォワードなど、反則というよりミスやエラーのことであるが、いずれにせよスクラムは**【競技の停止】**があった際に再開するためのものであり、要はラグビーとはスクラム＝スクラメッジを中心に行なうスポーツであると言える。

ところで、アメリカンフットボールは、そのボールの形やゲームの形式などから見てわかるように、イングランド発祥のフットボールを起源とするが、試合再開のセットプレーは「スクリミッジライン」と言う（この「スクリミッジ」は「scrimmage」と綴《つづ》られている）。

イングランドなどのヨーロッパからアメリカ大陸に移民した人々によってフットボールが行なわれたわけだが、初期のラグビーと同様、ルールが未整備な頃は、ひとつのボールにプレーヤーが集まり「摑み合い、乱闘、小競り合い」を繰り返していた。その混乱ぶりはすさまじく、毎年のように試合で死者を出した。多い年には年間数十人の死者を出したという。そのあまりの激しさに1905年、時のアメリカ大統領セオドア・ルーズベルトが大学のフットボール関係者をホワイトハウスに呼び、ルール改正を迫った。そして協議の末、危険のもとである密集戦を減らすため、①前方へのパスを認める、②ボールが地面についたら「乱闘」が起こらないようにプレーをいったん停止する、というルールに変わっていった。

ラグビーでは「乱闘（スクラメッジ）」が認められ、プレーが継続されることでスクラムが発展していった。それに対し、アメリカンフットボールは「乱闘」が認められず、ボールが地上にある際はいったんプレーをやめてスクリミッジラインから再開されることになったのである。

2　8人スクラムの前は、13人スクラム？

▼かつて、ラグビーに「人数制限」はなかった

現在のラグビーでは、スクラムはフォワードの8人で組む。いや、負傷やイエローカードで一時的に退場した場合の特例を除けば、スクラムは8人で組まなければならない（19歳未満は特別ルールあり）。ルール上でも**【双方それぞれ8人のプレーヤーによらなければならない】**とされており、それ以上の参加は認められていない。

正確に言うならば、フォワード8人以外のバックスにはそれぞれのオフサイドラインがあり、スクラム終了まではそのオフサイドラインを越えてはならない、というのがルールだ。そのため、スクラムに参加すればそのオフサイドラインを越えたことになる。そういった点で、現在のラグビーのルールは厳密である。

だが、その昔のラグビーはどうだったのか。

『ラグビー校・ルールブック（1845）』では、スクラムの人数制限どころか、試合そのものへの人数制限がなかった。村の祭りが起源だったラグビーにおいては、参加人数も、試合時間さえも曖昧《あいまい》なままだった。ゲームが先でルールは後付けなのがラグビーだから、先に記したように、スクラムの根源、というか、ラグビーそのものの根源とも言える「スクラメッジ（scrummage）」には、祭りの慣例にしたがって大勢の人間が集まっていたのである。しかも、途中で抜け出すのも、途中から参加するのも自由。勝敗が決するまで数日を要することもあったというから、それも当然であろう。

ラグビーにおいて参加人数に制限ができたのは、1871年に『ラグビー・フットボール・ユニオン（RFU）』が結成されて以降のこと。同年の3月27日に、世界初の国際試合であるイングランド対スコットランドの試合がエジンバラのレイバーン・プレイスという地で行なわれており、その試合は1チーム20人と制限された。ちなみに、スコットランドのラグビー協会（現Scottish Rugby Union：ＳＲＵ）の設立は、２年後の１８７３年である。

さて、世界初のラグビーのテストマッチは、スコットランドの勝利となる。以降、両国の試合は毎年行なわれるが、近隣各国にもラグビー協会が生まれ、１８７５年にアイルランドが、１８８１年にはウェールズがイングランドに挑み、それぞれのチームによる総当たりの〝国別対抗戦〟が行なわれたことによって、１８８３年にはイングランド、アイルランド、スコットランド、ウェールズそれぞれの協会間で『ホーム・ネイションズ・チャンピオンシップ』が開催される。そこにフランス（１９１０〜１９３１／１９４７〜）が加わり『ファイブ・ネイションズ・チャンピオンシップ（5か国対抗戦）』に、さらに２０００年からイタリアも加わり、現在も続く『シックス・ネイションズ・チャンピオンシップ（6か国対抗戦）』となっている。なお、レイバーン・プレイスで初めて行なわれた試合にちなんで、テストマッチの勝者に与えられる『レイバーン・シールド』という称号は現在も継続している。

ところで、現在の日本で一般にイギリスと言えば〝国家〟としての「グレートブリテンおよび北アイルランド連合王国（United Kingdom of Great Britain and Northern Ireland）」を指すことになるだろう。それはイングランド、スコットランド、ウェールズ、北アイルランド全てを合わせてのものになるが、同連合王国とは、これら4つの「地方政府（Nation）」から構成された「国（State）」のこと。つまり、これら4つの地域は〝国家〟としては同一だが、それぞれが異なる「ネイション（Nation）」である。そのため、ラグビーもそれぞれの「ネイション（nation）」は独立しており、先の大会「シックス・ネイションズ・チャンピオンシップ」はもとより、ワールドカップもそれぞれ単独チームで出場しているのである。

現在「シックス・ネイションズ・チャンピオンシップ」にはフランス、イタリアという〝国家〟がナショナルチーム（国家代表）を編成して参加しており、アイルランドも現在では独立国だ。つまり「シックス・ネイションズ・チャンピオンシップ」とは3つの独立国と3つの地方政府（イングランド、スコットランド、ウェールズ）がチャンピオンを争う大会なのだ。

しかもさらに複雑なのは、アイルランドは連合王国とは異なる独立国家であるものの、アイルランドラグビー協会（IRFU）はアイルランド島内にある連合王国の一部である北アイルランドも統括している。なぜなら、北アイルランドが連合王国の一部となるより先に、アイルランドラグビー協会がすでに誕生していたからだ。そのため、アイルランド代表チームには北アイルランド出身のプレーヤーも含まれることになる。

つまり、国家や政治よりも歴史や伝統を優先しているということなのだろう。但し、オリンピック競技となった「7人制ラグビー」にはオリンピックの規定があるため、連合王国は国家として1チームで参加することになる（アイルランドラグビー協会は除く）。

ちなみに、世界各国の協会名に国や地域の名称がつく一方、世界ではじめて発足した『ラグビー・フットボール・ユニオン（RFU）』は現在の「イングランドラグビー協会」を指すものの、そこには「イングランド」の名称はついていない。

▼20人制を経て、15人制へ

ともあれ、これらラグビーのテストマッチはしばらく20人制で行なわれたわけだが、1877年のイングランド対アイルランドの試合から、ようやく15人制が採用された。実は、それに先立つ1875年、イングランドでのオックスフォード大学対ケンブリッジ大学の試合（「ヴァーシティマッチ」と呼ぶ）ではじめて15人制の試合が行なわれており、それをもとに15人制が採用されたという。

20人制の場合も15人制の場合も、バックスはともに7人。つまり、20人制であればフォワードは13人であり、15人制でようやくフォワードが8人となる。

誕生の経緯からもわかるように、ラグビーのゲームの中心は、フォワードによるボールの奪い合いだ。現在のラグビーでも、フォワードは身体が大きな選手が務める場合が多く、その主な役割はボールの争奪。フォワードの人数が多ければ多いほど、その争奪戦が中心となり、それがラグビーそのものとなっていたのである。一方で、その密集戦に入らず、後方でこぼれたボールを拾ったり蹴ったりするプレーヤーは、非力だったり、臆病者だと思われていたふしがある。それが、15人制となったことで、彼らバックスにも重きが置かれるようになった。但し、そのフォーメーションに関してはまだ曖昧な上、チームによっても様々だった。

▼ポジション名の基礎講座

現在、ラグビーのポジションは、大きく「列（ロー：row）」で分けられることが多い（120ページ図4）。

例えば、スクラムの最前列を組むプロップ2名（1番と3番）とフッカー（2番）は「フロントロー（またはファーストロー）」。2列目のロック2名（4番と5番）を「セカンドロー」。そして残りのフランカー2名（6番と7番）とナンバーエイト（8番）の3名が「バックロー（またはサードロー）」である。スクラムを組む際、フランカーの2名は2列目のロックの両隣につくので、実際には「セカンドロー」にあたるが、かつてフランカーは現在のナンバーエイトの位置につ

図4　8列の並びと、15人のポジション

現在のポジション

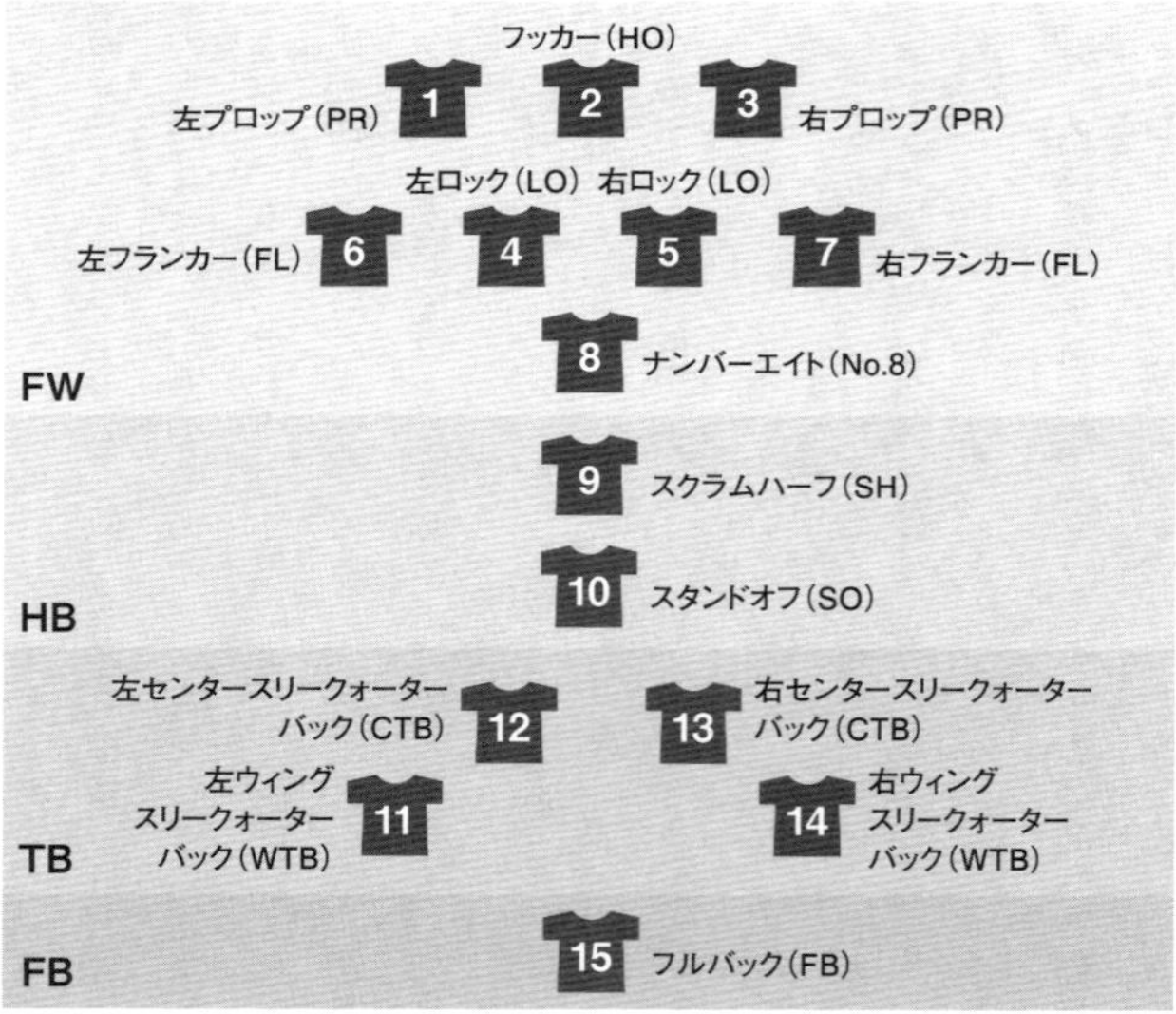

昔のポジション(7人スクラム時代)

1列目…プロップ、フッカー
2列目…ロック
3列目…フランカー
4列目…スクラムハーフ
5列目…スタンドオフ
6列目…スリークォーターバックス(センター、ウィング)
7列目…セブンエイス　※現在はない
8列目…フルバック

いていたので、文字通り「サードロー」だった。フランカーをいまも「サードロー」と呼ぶのはその名残である。

一方、バックスに関しては、スクラムにボールを投入するスクラムハーフ（9番）とそこからボールを受けるスタンドオフ（10番）。その後ろにいるセンター2名（12番と13番）、ウィング2名（11番と14番）の4名をスリークォーターバックスと呼び、最後尾に位置するのがフルバック（15番）である。フルバックが最後尾であることはわかるとしても、さて、スリークォーターバックスとはなんのことだろうか。スリークォーター（three-quarters）とは、スリー（3）とクォーター（1／4）から、数字の4分の3の英語表記である。4分の3は8分の6と同じことになるから、センターとウィングの計4名は全体の8分の6、つまり「8列中の6列目」という意味からきている。

前記の通りフォワードは3列からなっているので、バックスの先頭（4列目）がスクラムハーフ、続く5列目がスタンドオフ、6列目がセンターとウィングである。では7列目がフルバックで、8列目は……？

実は、フルバックはあくまで最後尾の「8列目」である。かつてスクラムを7人で組んでいた頃、フルバックの前に「セブンエイス＝8分の7」というポジションがあり、全体が8列で構成されていた。現在「セブンエイス」というポジションはないが、その名残がスリークォーターとして残っているわけだ。

ちなみに、10番はスクラムから〝離れて（オフ）立つ（スタンド）〟という意味から「スタンドオフ」というのが一般的な解釈だが、国によっては「ファイブエイス＝8分の5」と呼ぶ場合がある。前記のように、スタンドオフは5列目にいるからだ。また、12番のセンターを「セカンド・ファイブエイス」と呼ぶ場合があるが、これは「2人目のスタンドオフ」という意味。ちなみに9番のスクラムハーフは8列中の4列目（8分の4＝2分の1）だからハーフというわけだ。

但し、このスクラムハーフが**【スクラムにボールを投入する役目のプレーヤー】**と定義されている以外、バックスの呼び名は『競技規則』に登場しない。その他のバックスは、ポジションによっての義務も役割も、なにも決められていない、自由ということなのである。だからこそ、10番を「スタンドオフ」と呼ぶ場合も「ファイブエイス」と呼ぶ場合もあるわけだ（他に「フライハーフ」と呼ぶ国もある）。

3　スクラムのオフサイドラインは何本ある？

▼フォワードの定義と名称の意味

一方、フォワードに関しては、『競技規則』に事細かく記されている。

例えば、**【プロップとは、フッカーの両側のプレーヤーをいう。左側のプロップをルースヘッドプロップ、右側のプロップをタイトヘッドプロップという】【フッカーとは、双方のフロントローの中央のプレーヤーをいう】【ロックとは、2列目に位置し、フッカーおよびプロップを押す2人のプレーヤーをいう】**。ちなみに「プロップ（prop）」は「（柱などで）支える」という英語の意味からきており、文字通りスクラムを先頭で支える役目。「フッカー（hooker）」はフック（hook）＝ひっかけるが語源で、スクラムに投入されたボールを足でひっかけて後方に送る役目のプレーヤー。「ロック（lock）」は錠のことだが、これはスクラムのフロントロー＝1列目をガッチリと錠で締めるというイメージから生まれている。決して「岩（rock）」のような大きな男という意味からきているわけではない。

そして、**【フランカーとは、2列目または3列目のプレーヤーとバインドし、外側に位置するプレーヤーをいう】**のであり、**【ナンバーエイトとは、3列目に位置し、通常は2人のロックを、場合によってはロックとフランカーを押すプレーヤーをいう】**。ナンバーエイトとは文字通りスクラムの8番目の人間ということだが、フランカーには、軍隊用語で「陣形の側面を守備する兵士、側面部隊」といった意味がある。ここで重要なのはその名称の意味、語源ではなく、各ポジションのプレーヤーがスクラム内でなにをする役なのかが示されている点だ。

実際、『競技規則』ではその定義のみならず、各状況においてそれぞれがなにをしなければならないのか、あるいはなにをしてはならないのかが示されている。

繰り返すが、スクラムへボールを投入するという行為を明確化しているスクラムハーフ以外、その他のバックスの名称はまったく登場しない。なんと呼ぼうが、どのようなプレーをしようが、反則をしない限り自由である。つまり、ラグビーにおいては、それほどまでにスクラムが重要であり、ゲームの根幹をなしているということである。

▼バックスのオフサイドライン

先に、オフサイドには大きく4つの種類があり、スクラムもそのひとつであると記した。さらに、「一般のプレー」ではオフサイドラインは1本であり、その他は複数のオフサイドラインがあるとも記した。

では、スクラム時のオフサイドラインは何本あるだろうか？

結論から言えば、その数は5本である（126ページ図5）。この点に関しては、ラグビーを知らない人よりも、むしろ、多少なりともラグビーを知っている人の方が驚くかもしれない。

現行のルールをもとにすると、スクラムが組まれた際のオフサイドラインは、基本的にその**【スクラムに参加する各チームの最後尾のプレーヤーの足の位置よりも5メートル後方のラインとなる】**のであり、その**【オフサイドラインの前方にとどまるか、オフサイドラインを踏み越えた場合、オフサイドとなる】**。但し、このオフサイドラインを守らねばならないのはスクラムに参加していないプレーヤー、つまりバックスである。通常**【スクラムに参加する各チームの最後尾のプレーヤー】**はナンバーエイトで、その**【プレーヤーの足の位置よりも5メートル後方のライン】**ということになる。これは各チームに1本ずつあるので、合わせて2本（図5のE、A）。

実は2009年まで、このラインはスクラムの最後尾のライン、すなわち「ナンバーエイトの足の位置」を基準にしていた。しかし、同年の大幅ルール改正で、オフサイドラインが5メ

図5　スクラム時のオフサイドライン

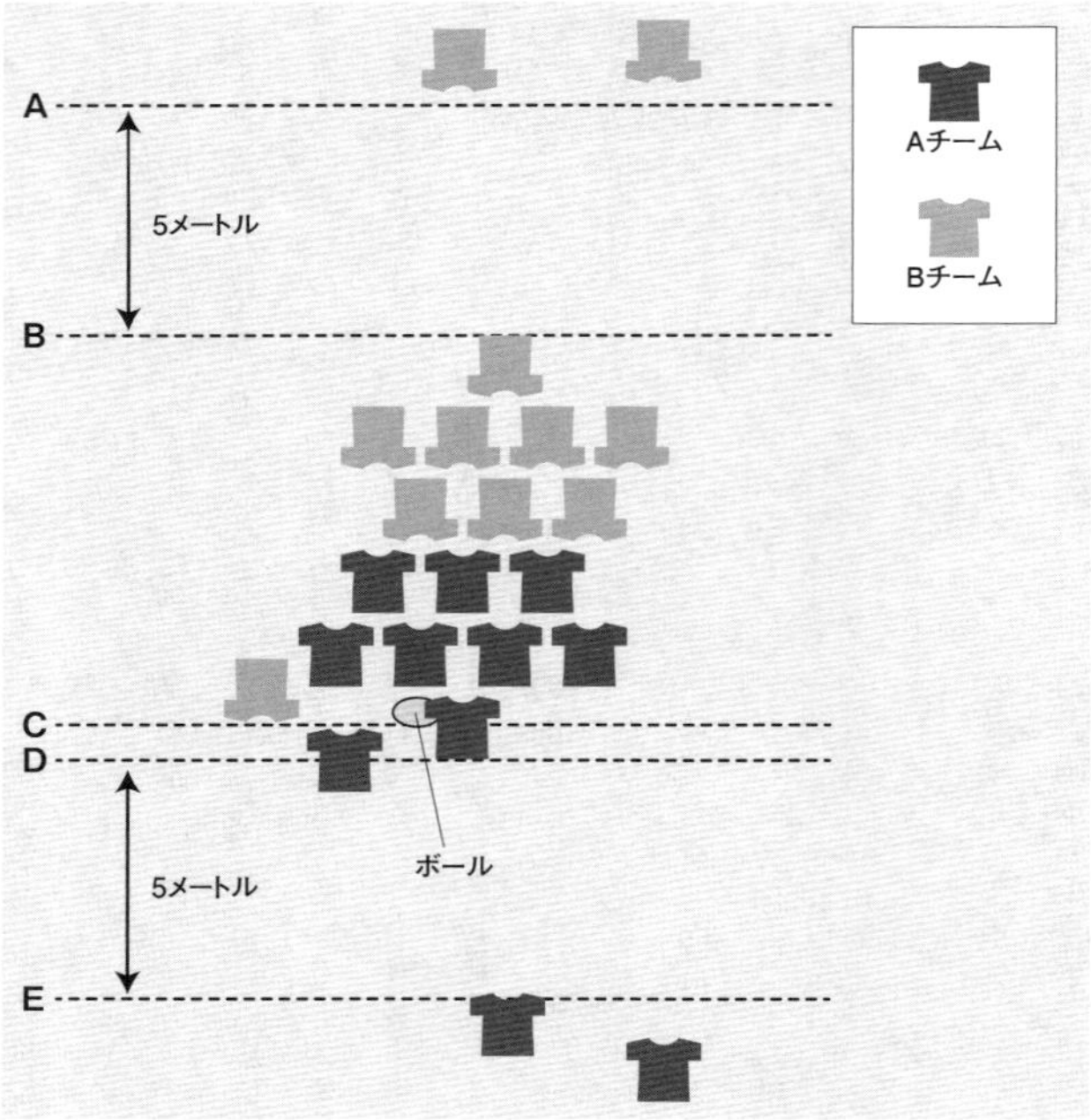

①E（Aチーム）…スクラムに参加していないプレーヤーのオフサイドライン
②A（Bチーム）…スクラムに参加していないプレーヤーのオフサイドライン
③C（Bチーム）…【ボールを獲得しなかった側のスクラムハーフ】のオフサイドライン（1）
④D（Aチーム）…【ボールを獲得した側のスクラムハーフ】がスクラムを離れた際の
オフサイドライン（ボールをプレーする際、片足はボールを越えても可）
⑤B（Bチーム）…【ボールを獲得しなかった側のスクラムハーフ】のオフサイドライン（2）
（①～⑤は文中に登場する順番）

ートル引き下げられたのである。その理由は、ボールを保持して攻撃している側にスペースを与えて有利にし、より多くの得点ができるようにするためだ。それ以前のオフサイドラインは「スクラムの中のボールの位置」を基準としており、攻撃側のスペースはさらに狭かった。

なぜ、そのようにルールが改正されていったのか。現在では削除されてしまったが、2004年までの『競技規則』には、**【スクラムにおけるオフサイドライン規定の目的は、ボールを獲得したチームに、スクラムが組まれている間、ボールを活かすための明確なスペースを確保することにある】**と記されている。

▼スクラムハーフのオフサイドライン

ラグビーのルールが、ゲームをより楽しめるように改正されていることがわかるのだが、いずれにせよ、このラインはあくまでバックスのためのもの。

但し、バックスの中でもスクラムハーフだけは、オフサイドラインについて特別な規定が記されている。攻撃側と防御側、正しく言うなら**【ボールを投入しようとするスクラムハーフ】**と**【スクラムにボールを投入しない側のスクラムハーフ】**に分けられ、さらに**【ボールを獲得した側のスクラムハーフ】**と**【ボールを獲得しなかった側のスクラムハーフ】**に、それぞれ別々のオフサイドラインが1本ずつ設定されている。なぜなら、通常、ボールを投入した側はフッカーによるフッキングに成功してボールを獲得する場合がほとんどだが、稀《まれ》にフッキングに失敗したり、押し込まれてボールを奪われることがある。そのため**【スクラムにボールを投入しない側のスクラムハーフの立つべき位置】**を定めた上で、**【ボールを獲得した側のスクラムハーフ】**と**【ボールを獲得しなかった側のスクラムハーフ】**に分けて、それぞれにオフサイドラインを設定しているのだ。

その詳細は少々複雑なため省くとして、基本的な点は**【ボールがスクラムの中にある間】**、**【ボールを獲得しなかった側のスクラムハーフは…片足でもボールより前に出した場合にはオフサイドとなる】**（図5のC）のであり、一方の**【ボールを獲得した側のスクラムハーフは…両足をボールより前に出した場合にはオフサイドとなる】**、但し**【片足のみボールより前に出した場合にはオフサイドにならない】**（図5のD）。見ている側としては、ボールがどこにあるのかもわかりにくい上に、片足とか両足となればますます混乱するわけだが、いずれにしろ、ここまでで、スクラム時のオフサイドラインは各チーム2本の計4本となる。

▼「もう一本の」オフサイドラインとは?

そして最後が、スクラムに参加しているフォワードプレーヤー自体のものとなる。

では、そのオフサイドラインは各チームに1本で計2本、合わせて総計6本なのか……と言えば、そう単純ではない。実は、スクラムに参加しているプレーヤーに対する〝オフサイドラインはない〟のである。

本来、**【オフサイドラインは、ゴールラインに平行なラインであり】**、それはタッチラインからタッチラインまでグラウンドを真横に走るもの。なぜなら、グラウンドを自陣と敵陣に分けるためだ。だが、スクラムに参加しているプレーヤーに対しては、そのラインがないのである。

それでも、スクラムに参加しているプレーヤーはオフサイドの反則になりうる。なぜなら、スクラムに参加する**【その8人のプレーヤーは、スクラムが終了するまで継続してバインドしていなければならない】**という条文があり、それに反するとペナルティとなる。具体的な例で言えば、スクラムが継続中＝まだボールがスクラムの中にあるときに、フランカーやナンバーエイトなどがバインドを外して前方に飛び出す、あるいは、ディフェンスに備えて早目にスクラムから離れるような場合だ。

前述のように、**【スクラムの形成は、双方それぞれ8人のプレーヤーによらなければならない】**とされているが、そのルールが正式にできたのは1998年。それ以前は一度スクラムに参加しながらも、ボールがスクラムから出る前にスクラムから〝離れる〟ことは自由だった。但し〝離れた〟場合は**【スクラムに参加している味方の最後尾のプレーヤーの足を通る線】**にあるオフサイドラインの後方まで下がらなければならなかった。それが1998年のルール改正後、スクラムに参加するプレーヤーをオフサイドとして罰するためのオフサイドラインが不要となったわけである。

しかし改めて考えてみると、このスクラムから〝離れる〟オフサイドの反則とは、ボールを争奪している場、すなわちスクラメッジから〝離れる（オフする）〟ことであり、これが、まさにオフサイドの本質なのである。陣地を決めるオフサイドライン誕生以前の、根源的なオフサイド。それがスクラム時のオフサイドであると言える。

但し、**【ボールを獲得しなかった側のスクラムハーフ】**については、このオフサイドは生きている。同スクラムハーフが**【スクラムから離れた位置に動いて、オフサイドラインの前方にいる場合はオフサイドとなる】**のであり、守るべき**【そのスクラムハーフのオフサイドラインは、味方チームのスクラムの最後尾の足を通るラインである】**（図5のB）。

よって、最終的には先の4本と合わせて総計5本。これがスクラム時のオフサイドラインの数となる（図5のA〜E）。但しこの点はルールの変遷とともに複雑化していることなので、それほど気にする必要はないだろう。

4　「マイボールスクラム」はこうやって決まる

▼「プレーができない状態」とレフリーが判断し、スクラムを命じる

前述のように、現在、スクラムの目的は**【競技の停止があった後、早く、安全に、公平に試合を再開すること】**とされている。「競技の停止（stoppage）」とは、ボールの争奪戦であるモールやラックなどで**【ボールがアンプレアブルとなる】**場合などだが、この「アンプレアブル（unplayable）」とは、文字通り「プレーができない」状態のこと。

例えば、ラックができた後にプレーヤーが偶発的に倒れて重なり合ってしまいボールが出ない、あるいは**【不正なプレーの結果としてではなく、モールがくずれ】**、ボールが出ないときに適用される。それらの判断は、当然のことながらレフリーが行なう。つまり、レフリーが「もうボールが出ない」あるいは「このままでは危険」と思った場合は〝反則としてではなく〟笛を吹き**【スクラムが命じられる】**ことになるのだ。これはタックルの場合も同様で**【タック**

ルで、ボールがアンプレアブルになり、どちらの側が競技規則に従わなかったのか疑わしい場合、レフリーは直ちにスクラムを命じ】ることになる。

ラグビーでは、反則が起きなくてもボールがプレーできなくなる場合はよく起こるが、ここでの判断が適切にできるか否かが、そのゲームの流れに影響を与える。反則が起きたのか、反則でなくくずれたのかを正しく見ることができなければ、反則を見逃してしまったり、逆に、反則でないものを反則として笛を吹いてプレーヤーの不信感を買う。そればかりか、適切に笛を吹かずにプレーを継続させれば新たな反則を誘発するし、なにより危険な状態になる恐れがある。プレーヤーが〝重なり合った〟ような状況を「パイルアップ(pile up)」と言うが、この「パイルアップ」は単に状況を指す英語の言葉にすぎない。笛が吹かれる場面は、ラグビーの用語では「アンプレアブル」というのが正しい言い方である。

さて、タックル後に地面にボールがあり、その後、ボールの争奪戦から「パイルアップ」な状態となり、ボールが「アンプレアブル」となればレフリーが笛を吹き、スクラムによってゲームは再開される。この最初の争奪場面を現在のラグビーでは「ラック」と言う。ラックは現在、**【双方の一人またはそれ以上のプレーヤーが立ったまま、身体を密着させて、地上にあるボールの周囲に密集するプレーのことをいう】**と定義されている(ラックについては第3章で詳述)。

ラックは、別名「ルース・スクラム」とも言う。正式な用語としては残っていないものの、この言葉を聞いたことがあるオールドファンはいるはずだ。「ルース（loose）」とは「ゆるい、束ねていない」こと。対して、8人で組む現在のスクラムは「セット（set）・スクラム」と呼ぶ。つまり、ラックがゆるくて曖昧なスクラムであるのに対し、通常のスクラムは固く決まった形だということである。

▼ラックの後は、どちらのボールのスクラムになるのか？

すでにおわかりだろう。ラグビーは、ボールを争奪する際の〝乱闘（スクラメッジ）〟を基本としており、その「ルース・スクラム」状態がやがて「ラック」と呼ばれ、その最中にボールが「アンプレアブル」となったならば、レフリーによって止められて「セット・スクラム」で再開する。それが現在のラグビーのスクラムの発生経緯であり、ゲームの基本だ。

では、再開のスクラムの場合には、どちらの側がボールを投入するのか？

この点は少々わかりにくく、実際のプレーヤーでも正確に理解していない人もいることだろう。最終判断はレフリーに委ねられているわけだが、投入側がいずれになるのかは、ラグビーのゲームになにが求められているか、および、その進化の過程がわかるという意味で興味深いので、簡単に記しておきたい。

まず、ラックがアンプレアブルとなった場合。

大前提となるのは、①**【ラックの中のボールがアンプレアブルとなる直前に前進していたチームがボールを入れる】**。

但し**【どちらのチームも前進していなかったり、どちらのチームが前進していたかレフリーが判断できないとき】**は、②**【ラックの前に前進していたチームがボールを入れる】**。もし**【どちらのチームも前進していなかったとき】**は、③**【攻撃側のチームがボールを入れる】**。

これは、一度ラックとなったら、〝そのラックを形成するきっかけとなった〟チーム、つまり〝最初にボールを保持していた〟チームがどちらだったかは問われないということである。

例えば①の場合、Aチームがボールを持ち込みラックとなっても、**【アンプレアブルとなる直前に】**Bチームが押し込んで前進していたら、Bチームのボール。②に関しては**【ラックの前に前進していたチーム】**がボールを保持している可能性は高いものの、あくまで「前進（moving forward）」がポイントである。ボールを保持するのがAチームであれ、Bチームに押されつつ後退しながらラックができれば、その後は（押し返さなければ）Bチームのボールとなってしまう。③に関しては、もはやボールの保持に関して無関係である。

但し注意したいのは、ラグビーにおいての「攻撃側」とは、あくまで陣地を得ている側であるということ。例えば、Aチームがボールを保持しながらも、Aの陣地内でラックが形成され、その後**【どちらのチームも前進していなかったとき】**は「攻撃側」、つまりA陣に攻め入っているBチームのボールになるということだ。

▼モールの後は、どちらのボールのスクラムになるのか？

では、モールの場合はどうか。

モールは**【ボールを持っているプレーヤーが、相手側の1人またはそれ以上のプレーヤーに捕らえられ、ボールキャリアーの味方…がボールキャリアーにバインドしているとき】**にできるものと定義されているが、要は、ラックは地面にあるボールを手を使わず足で争奪するのに対し、立ってボールを手に持ったまま奪い合うのがモールである（モールについては第3章で詳述）。

そのモールがアンプレアブルとなった場合は、まず、①**【モール開始時にボールを持っていなかった側がボールを入れる】**。但し**【モール開始時にどちらの側がボールを持っていたかをレフリーが判断できない場合】**は、②**【モールが停止する前に前進していた側がボールを入れる】**。もし**【どちらの側も前進していなかったとき】**は、③**【攻撃側がボールを入れる】**。

ここで最優先される①によれば、**【ボールを持っていなかった側】**がその後のスクラムでボール投入権を得ることになる。つまり「ボールを持っていた側」は不利になるということであり、ここがラックとは大きく違う点だと言えよう。

かつては、モールでのボールがアンプレアブルとなった場合でも、ラックと同様、モールを押し込んだ側のボールでスクラムが再開されていた。だが、それでは「モールを形成↓少し前進↓アンプレアブル↓マイボールスクラム↓モールを形成」というパターンが繰り返され、ボールが広く展開されない。よって、モールによる前進を不利にさせることによって、ボールがより広く動くようにルール改正がなされたわけである。

但し、現行のモールのルールには例外がある。それは**【キックされたボールをキャッチしたプレーヤーが捕らえられて形成されたモール】**の場合。例えば**【相手側のキックしたボールを直接キャッチ】**してモールが形成され、そのモール内の**【ボールがアンプレアブルとなった場合】**だ。この場合に限っては**【ボールをキャッチした側がボールを入れる】**。つまりキックを受けた場合は、自らモールを形成したとは考えないからだ。仮にこのルールがなければ、「キックのハイパント↓相手に取らせてモールを形成↓そのままアンプレアブル↓マイボールスクラム↓キックのハイパント」と、こちらもボールが展開されない戦法が有利となる。こういった点からも「自らモールにする」ことが不利であり、つまりは、モールをあまり使わないようにさせるルールができていることがわかると思う。

なお、タックルでも**【ボールがアンプレアブルになり】**スクラムとなる場合があるが、その際は、①**【停止の前に前進していた側がボールを入れる】**。もし**【どちらも前進していなかった場合】**は、②**【攻撃側がボールを入れる】**。ここでも前進と陣地（攻撃側）が重視されている。

5　スクラムからボールが出なければやり直しとなる

▼なぜ、スクラムが停止したら、新しいスクラムが命じられるのか?

ラックやモールでのボール争奪時、あるいはタックル直後にボールがアンプレアブルとなったらスクラムによって再開されるが、そのスクラムでもアンプレアブルとなったら、再度、スクラムによって再開される。これも、知らない人にとっては理解しにくい点であろう。

例えば**【スクラムが停止したままでボールが直ちに出ない場合】**は**【停止した位置で新しいスクラムが命じられる】**ことになり、その際は**【停止したときにボールを保持していなかった**

チームがボールを投入する】。本来のラグビーである〝乱闘（スクラメッジ）〟の基本は、地面にあるボールを足で扱いながら前進すること。これはセット・スクラムでも同様で、正当に組まれているのであれば前進することが許されている。しかしながら、停止したまま前進できないのであれば、ボールを出さなければならない。

ルール上、スクラムは相手のゴールラインまで前進でき、実際にゴール前でスクラムを押し込み「スクラムトライ」を狙《ねら》う場合もある。だが、**【ボールが直ちに出ない場合】**は相手ボールのスクラムとなってしまうわけだ（但し19歳未満の場合は、危険防止を目的に**【相手ゴールラインに向かって1・5メートル以上押すことは反則である】**という特別ルールがある）。

この点は**【スクラムが停止して直ちに再び動き始めない場合、ボールは直ちに出さなければならない】**とも定められており、**【そうでなければ、新しいスクラムが命じられる】**ことになる。その際も**【停止したときにボールを保持していなかったチームがボールを投入する】**ことになる。いずれも反則として相手にペナルティキックが与えられるのではなく、あくまでスクラムでの再開である点には注目しなければならない。

但し、**【反則ではなくスクラムがくずれるかまたは宙に浮いた場合は、再度スクラムが命じられ】**ることになるのだが、その際は**【最初にボールを投入した側が再びボールを投入する】**。

さらには**【競技規則に定めのないその他の理由によってスクラムを組み直さなければならない場合は、最初にボールを投入した側が再びボールを投入する】**というルールもある。これらは、いずれもボールの投入権が〝移動しないまま〟スクラムでの再開となる。

つまり、スクラムでは前進してもよい。というより、本来スクラムは前進するものである。だが前進の意図がない、または前進できないのであればボールを出し、次のプレーに移行させなければならない。出さないのであれば相手のボールで再開させる。それが現在の基本的なルールだ。こういった点に、スクラム誕生とその本質的な目的が垣間《かいま》見える。

▼「スクラムのないラグビー」は考えられない

ここまで、複雑で面倒なスクラムに関するルール改正を見てきた。ルールをもっと簡単にできないのか、あるいは、いっそのことスクラムをやめてしまえばよいのではないか、という意見が出るかもしれない。前述のように、アメリカンフットボールでは地面にあるボールを奪い合う〝乱闘〟を廃し、単なるスクリミッジラインとした。また、同じラグビーでも13人制のラグビーリーグではスクラムのルールを極端に簡素化し、そこでの激しいボールの争奪は行なわない。ボールを持って走って、タックルで倒して、そこからまたパスして走るのが基本だ。15人制から減ったポジションはフランカー2名であり、その点からもスクラムの軽視がうかがわれる。

では、なぜ15人制ラグビーだけはそこまでスクラムにこだわるのか——。

それは、先に見たように、ラグビーの発祥以来、スクラムがこのスポーツの根源だったからである。仮に15人制ラグビーからスクラムを奪ってしまえば、それはもはやラグビーではなくなる。その点は、『ラグビー憲章』の「ゲームの原則」の一文からも見てとれる。ラグビーは**【ゲームに求められるスキルと身体的条件に多様性がある】**。だからこそ**【あらゆる体型…を持つプレーヤーがプレーに参加する機会を…得ることになる】**。

また、同憲章の「競技規則の原則」を見ると、**【競技規則は、異なった体格…のプレーヤーに、それぞれの能力のレベルにおいて…参加できる機会を提供する】**ものであり、だからこそラグビーのルール自体は**【常に見直されている】**のである。

ラグビーのチームには、小さなスクラムハーフ、大きなロック、そして〝太っている〟プロップがいるのが常である。中でも〝太っている〟プレーヤーは必須であり、ラグビーの**【常に見直されている】**ルールがあるからこそ**【あらゆる体型】**の人々が楽しめる。スクラムを最前線で支えるプロップがいてこそのラグビーなのだ。スクラムのないラグビーは考えられない。

第3章　ラック、モールをひもとく

1　ラックはいつ、どのようにして起こる？

▼ラックの定義

ラグビーは、スクラムを中心に発展してきたということを前章で述べた。スクラムとは、もとは〝乱闘〟であり、現在の8人で組むセット・スクラム以前に、セットされていない「ルース・スクラム」があり、それがやがて「ラック」となったということである。

では、そのラックとはどういうものか。現在の『競技規則』では、ラックは以下のように定義されている。

【ラックとは、双方の一人またはそれ以上のプレーヤーが立ったまま、身体を密着させて、地

上にあるボールの周囲に密集するプレーのことをいう。オープンプレーは終了する】

ポイントは、①敵と味方が最低1人、②お互いが立っている、③身体を密着させる、④その際ボールが地上にある——ということになる。これらの条件が揃《そろ》ったときに、はじめてラックが形成されるということだ。

一般的には、まずはタックルが起こり、その地点に〝その他〟のプレーヤーが駆け寄ることによって、彼ら（一般にはアライビングプレーヤーと呼ばれるが、ルール上では〝アザー〟プレーヤー）がラックを形成する。但し、その地点に一方のチームのプレーヤーしか駆け寄らなかったとするなら、前記の条件①が満たされない。また、その地点に相手チームのタックラー、またはタックルされたプレーヤーがいたとしても、倒れたままでは前記の条件②が満たされないので、ラックは形成されていないということになる。

いったんラックが形成されたなら**【オープンプレーは終了する】**ことになる。「オープンプレー」とは「一般のプレー（ジェネラルプレー）」と同義であり、まだお互いの陣地が確定していないということであるが、ラックが形成された瞬間には**【双方のチームに1本ずつ、ゴールラインに平行して2本のオフサイドラインが発生する】**こととなり、そこまでの陣地を獲得したということになる。

▼ラックも足が基本。手を使ってはいけない

ラックでのオフサイドの反則は試合中によく起こることだが、まずはラックが形成されたか否か、つまり先の条件①〜④の見極めが必要であり、単に、なんとなく人が集まって密集ができたという形だけで判断してはならない。

さて、いったんラックが形成されたら**【ラックの中のボールを手で扱って**（handle）**はならない】**。ラックで「ハンド」という反則がよく起こることをご存じの方も多いだろう。では、ラックの中でなぜ手を使ってはいけないのか？

スクラムの際もスクラム内のボールを手で扱うことは反則とされており、スクラム、ラックともにプレーの基本は足である。ラックの定義には、いまも以下のような一文がある。

【ラッキングとは、ラックに参加しているプレーヤーが、不正なプレーを行うことなく、足を使ってボールを獲得またはキープしようとすることをいう】

ラックの中でボールを奪い合うことを、わざわざ「ラッキング（rucking＝ラックすること）」という言葉を使って表現するなど、そこにかつてのフットボールをもとに誕生したラグビーの名残を見ることができるわけだが、それこそ、地上にあるボールの周囲に人々が群がり、とき

に相手の脛を蹴りながらボールを奪い合うというスクラメッジ（乱闘）だ。ラックの中でなぜ手を使ってはいけないかと言えば、それが、まさにラグビーの根幹だからである。実は、過去に南半球で「ラックの中で手を使ってもよい」というルールを試験的に採用したことがあったが、混乱する上、ボールが停滞するばかりだったということで正式には採用されなかった。やはりラックの中で手を使わないのがラグビーの基本である。

▼「ボールに手を置いている場合」はＯＫ？

だが一方、現在ではこの「ラッキング」はあまり行なわれない。現代ラグビーでは、いったんラックを形成してオフサイドラインを発生させ、再度ボールを展開させるという〝攻撃の起点〟としてラックを利用している場合がほとんどだ。しかし、かつてラックは、ラックのまま前進することがあった。当然、手を使うことは許されていないが、足で器用にボールを扱いながら前進させるのである。そういうプレーをドリブルと言ったが、もちろん、それはサッカーでのドリブルと同義。ラグビーでのドリブルという言葉に、懐かしさを感じるオールドファンもいることだろう。

現在では、相手ゴール前のスクラムの際、スクラムトライを狙ってスクラム内のボールを足でキープしたまま前進をはかるプレーは見られるが、ラックがラック状態のまま前進するという場面はほとんど見られない。

本来、ラックは足でボールを奪い合いながら前進するもの。だが、現在はほとんど前進しない。それでもボールは奪いたい。そこで思わず手が出る。だが、ボールを手で扱うと「ハンド」の反則となる。そういう現実の中で、2010年、あるルール改正が行なわれた。前述のように、ラグビーのルールは**【プレーをする上で楽しく、見る上でおもしろいゲームのための枠組みを提供する】**ためにあり、**【プレーヤーにプレーヤーの持つスキルを自由に発揮できるようにさせることで、喜びと楽しみが大きくなる】**ため、**【競技規則は常に見直されている】**からである。

そこで改正された条文が以下だ。

【プレーヤーはラックの中のボールを手で扱ってはならない。ただし、タックル後に、ラックが形成される前に立っている状態でボールに手を置いている場合を除く】

ラックの中のボールを手で扱ってはならないと言いながら、**【ボールに手を置いている**（have their hands on the ball）**場合を除く】**とは、どういうことか。

実際のゲームでは、タックルの直後にラックが形成されることが多い。ラックを形成するプレーヤーとはタックラーやタックルされたプレーヤーではなく、そのタックル地点に集まってきた〝その他〟のプレーヤー（アザープレーヤー）がほとんどである。そこには、当然、先の条件「②お互いが立っている」が必要なわけだが、その条件を満たしつつも、次の条件「③身体を密着させる」が満たされる前であれば、まだラックは形成されていないことになる。そこで、条件②と③の間に**【ボールに手を置いている】**ことができれば、ラックはまだ形成されていないので「ボールを手で扱ってもよい」――という考え方だ。

▼ラックのルール改正によって試合がスピーディに

はじめて耳にする人にとっては理解しにくいと思われるが、こうしたプレーは、このルールができる以前からたびたび行なわれており、特にディフェンス側プレーヤーに多く見られた。

例えば、ボールを持つA1を相手B1がタックルで倒す。直後、B2がそのボールに手を出して奪った（このプレーを通称〝ジャッカル〟と言う）。その行為がすんなりと行なわれればよいが、タックル地点には相手側プレーヤーA2も駆け寄るため、一瞬のタイミングの違いでラックが形成される。そのため、しばしば、先のB2の行為がラックでの「ハンド」とされていた。

そういった点を明確化するために、先のようにルールが改正されたというわけである。このルール改正によって、試合の中でのハンドの反則は減り、ボールの支配権がAチームからBチームへ、またBチームからAチームへとスムーズに動くこととなり、まさに**【プレーをする上で楽しく、見る上でおもしろいゲーム】**になっていった。これが進化するラグビーの一助となったルール改正である。

但し、タックルからラック形成までは、ほんの数秒のこと。特にプレーヤーのレベルが上がるほど、その時間も短いものになる。まさに瞬時の勝負だ。よってこのルール改正の意味を正しく理解した上で、さらにはその瞬間の正しい判断が必要となってくる。レフリーの正しい知識と同時に、より正確な判断が重要なことは言うまでもないだろう。

2　ラックはいつ「終了」するのか

▼スクラムハーフは手を使っているが……？

ラックの中で手を使ってはならない。但し、ラック形成直前であれば許される。その判断はなかなか難しいとはいえ、論理的には明確である。しかしながらこんな疑問はないだろうか。

「なぜスクラムハーフは、ラックの中から手でボールを出してよいのか？」

スクラムの場合、スクラムハーフがそこからボールを手でパスする。同様にラックの場合も、多くはスクラムハーフがボールをパスをする。より正確に言えば、スクラムハーフのポジションのプレーヤーでなくてもその役を果たすことはできる。スクラムハーフというポジションに特化した例外があるわけではない。では、そのルールはどうなっているのだろうか。

あらかじめ確認すべきは、スクラムでも**【スクラムの中にあるボールを手で扱ったり、脚で拾い上げてはならない】**というルールがあるということだ。では、なぜスクラムの際、スクラムハーフは手を使ってボールをパスしているのだろう。実は、スクラムハーフはルール上で言うなら**【スクラムの中にあるボール】**を手で扱ってはいない。なぜなら、スクラムハーフがボールを手にするのは、あくまで〝スクラムが終了した後〟なのだ。スクラムの終了とは、ルール上では**【ボールがスクラムから出た場合】**であり、**【ボールが、トンネル以外のところから出たとき、スクラムは終了する】**と記されている（トンネルとは、最初にボールを投入するスクラムの中心。その他にも終了の条件はある）。つまり、スクラムハーフは、スクラムからボールが出た後にボールを手で扱っていることになっており、そうであれば反則とならないというわけである。

実際の試合のスクラムの場面では、スクラム最後尾のナンバーエイトの足下にボールがある際、スクラムハーフがナンバーエイトの足を軽く叩《たた》き、直後にナンバーエイトがその足を上げる場合がよくある。これは、ナンバーエイトが足を上げることによって、足下にある**【ボールがスクラムから出た】**ことを示している。ボールがナンバーエイト、ましてやロックの足下にある段階でスクラムハーフが手を使ってボールを拾い上げる行為とは区別しているというわけだ。

ラックの場合も、基本的には同じ発想。つまりスクラムハーフは、ラック内のボールを手で扱っているのではなく、あくまで〝ラックから出た〟ボールを拾ってパスしているのである。

▼「不完全なラックの終了」

いや、それでも疑問が解けないという読者もいることだろう。

「ラックの中に手を入れて、ボールを出しているスクラムハーフもいるではないか？」

確かにその通りである。実際のラックの場合、スクラムのようにきれいに組まれることは稀で、ボールの上に人が倒れているような場合が多い。その密集の奥深くにスクラムハーフが手を入れ、ボールを搔《か》き出しているのはよく見る光景だ。だが、そういった場面でレフリーがスクラムハーフに対して「ハンド」の反則の笛を吹くことはまずない。

どういうことだろうか？　実は、こういった場面は〝ラックが終了している〟のである。いや、正確に言えば〝ラックが終了する直前〟の場面なのである。

ラックがいつ終了するかに関しては、**【ラックは、ボールがラックから出…た場合に終了する】**とある。この点は誰もが理解できるだろう。但し、ここでのラックの終了とは「完全なラックの終了（SUCCESSFUL END TO A RUCK）」を意味する。それとは別に、ルール上では「不完全なラックの終了（UNSUCCESSFUL END TO A RUCK）」というものがある。これは**【ボールがアンプレアブルとなりスクラムが命じられたとき、ラックは終了する】**場面のことだ。

先のスクラムの項で、「ボールがアンプレアブルとなった場合」については記したが、その場合が、この「不完全なラックの終了」である。つまり、ボールがラックから出なくても、不完全ながらも終了となるということ。ラック内のボールがアンプレアブルとなったならスクラムが命じられるわけだが、実は、その前に重要な条文がある。それは**【レフリーはスクラムを命じる前に、ボールがラックから出るのに適当な時間の余裕を見なければならない】**。

スクラムハーフがラックの中に手を入れてボールを掻き出そうとしている場面は、ボールが倒れたプレーヤーの間に挟まっているような状態がほとんどだ。本来であればボールがプレーヤーの間に挟まっており**【アンプレアブル】**な状態なのだが、ボールがもう少しで出そうな場合は**【レフリーは…ボールがラックから出るのに適当な時間の余裕を見なければならない】**ということになっている。しかも、その際には**【特にいずれかのチームが前進している場合には大切である】**とわざわざ記されている。つまり、ラックを押し込んでいる場合は特に時間を与えボールを出させなさい、ということだ。

▼レフリーが「適当な時間の余裕」を決める

当然、それでもボールが出なければスクラムとなるのだが、ポイントは、ここでのボールが「出る」という言葉だ。

スクラムの終了を意味する場合のボールが「出る」は、原文では「comes out」と記されており、まさにボールが〝外に出てくる〟という表現。それに対し、ラックの場面、特に「不完全なラックの終了」時の「出る」は「emerge」とある。「emerge」は「現れる、抜け出す」といった意味で、「emergency」となれば「緊急の場合」あるいは「救急隊」といった意味にもなる。つまり「emerge」とは、スクラムハーフがくずれたラックの中からボールを〝救い出している〟プレーなのである。

そこで、先の疑問、「なぜスクラムハーフは、ラックの中から手でボールを出してよいのか？」に対する回答は以下のようになる。

「ラックの中にあるボールを手で扱ってはならない→もしラックの中のボールがプレーできない（アンプレアブル）状態となれば、レフリーはスクラムを命じる→但し、ボールが一方に〝救い出せる〟ようなら、そのための【適当な時間の余裕】を与える」

ここでの【適当な時間の余裕（reasonable amount of time）】を決めるのは、当然レフリーであり、その点を委任されているからこそそのレフリーと言える。但しその判断を誤り、早く笛を吹けばプレーの継続が妨げられる。逆に、無駄に時間を与えて放置していると、新たな反則が起こるばかりかプレーヤーの安全が脅かされる可能性が高まる。まさにレフリーの腕の見せどころ、センスの有無が問われるところである。こういった点からも、ラグビーのゲームの流れがレフリーの裁量によるということがわかると思う。

▼ボールが「出る」には複数の意味がある

ところで、スクラムハーフがラックの中に挟まっているボールを出そう（emerge）としている場合、相手チームのプレーヤーはどうすればよいのだろうか。特に、ラックの周辺に立ち、少しでも早くスクラムハーフを捕えたい、あるいはタックルしたいというプレーヤーにとって、その見極めは重要だ。ルール上で言うなら、ラックが終了する前は自陣オフサイドラインの後方に留まっていなければならず、ラック終了前に飛び出してしまってはオフサイドとなる。

日本では、よく「スクラムハーフがボールに触ったら飛び出してもよい」、つまり「ラックは終了した」と言う人がいる。その根拠として言われるのは、「ラックの中のボールを手で扱ってはならない→スクラムハーフがボールを手で触った→ラックは終了した」という解釈である。実際に、そのように説明するレフリーもいる。

だが前述のように、スクラムハーフはボールを〝救い出す〟ための**【適当な時間の余裕】**を与えられているのであり、その時点でラックが完全に終了したというわけではない。

ここで改めてラックの終了条件を見てみると、**【ラックは、ボールがラックから出…た場合に終了する】**とある。が、ここでの**【出る】**は「leaves」と記されている。「leave」とは「離れる」の意。つまり、ラックという密集からボールが〝離れて〟ラックが終了するのであって、スクラムハーフがボールを「触った」時点でラックが終了したことにはならないということだ。日本語で「出る」と一言で言っても、原文では「comes out」「emerge」「leaves」と表記が異なっており、当然、その本質的な意味も異なっている。単純に日本語で理解、ましてや勝手に解釈してはならないということだ。

3　モールの成立条件と、モール内での誤解

▼モールの定義

ラグビーにおいて、ラックと並んで攻撃の起点となるのがモールだ。

その大きな違いは、ボールが地上にあるラックに対し、モールはボールが空中にある、すなわちプレーヤーがボールを手にしているということである。具体的にはどういう状態なのか。

『競技規則』の定義には以下のようにある。

【モールは、ボールを持っているプレーヤーが、相手側の1人またはそれ以上のプレーヤーに捕らえられ、ボールキャリアーの味方1人またはそれ以上のプレーヤーがボールキャリアーにバインドしているときに成立する（開始される）**】**

ここでのポイントは、①ボールを持っているプレーヤーがいる、②同プレーヤーが相手に捕まる、③そこに味方プレーヤーが加わる＝バインドする。よって**【少なくとも3人のプレーヤ**

モール（2015年ワールドカップ、スコットランド戦）

ーが必要で、3人とも立っていなければならない】ということになる。一般的には、ボールキャリアーが相手に捕まり、そこに味方が助けに行くことが多いが、あらかじめ味方同士がバインドして相手に捕まる場合でもモールとなるため、条件②と③の順番は問われない。

最低構成人数は3人ながら、実際の試合ではそこに多くの人数が集まり、複数のプレーヤーによるモールができ上がるのが常だ。そこで問題になるのが、他のプレーヤーが新たにモールに参加する場合である。最低人数の3人でも、いったんモールの開始となったら【双方のチームに1本ずつ、ゴールラインに平行して2本のオフサイドラインが発生する】ことになるため、新たにモールに参加するプレーヤーは【モールの中の最後尾の味方の足の後方から参加しなければならない】のだ（105ページ図3参照）。

▼ラックは能動態、モールは受動態

さらに、モールに参加するにはいくつかの条件がある。まずは単純に【**モールに参加するプレーヤーは、頭と肩を腰よりも低くしてはならない**】。そもそもモールは、【**プレーヤーは故意にモールをくずしてはならない。これは危険なプレーである**】とあるように、モールを故意にくずせば「モールコラプシング」という反則となる。この反則は通常の試合でもよく起こるので、広く知られていることだろう。

そして次にあるのが【**プレーヤーは、ただ単にモールのそばにいるだけではなく、モールの中に引きこまれているか、バインドされていなければならない**】。ここがラックと異なる点なのだが、その点について少々誤解をしている人もいるようだ。ラックの場合は、参加の条件として【**ラックに参加するプレーヤーは…味方または相手側プレーヤーにバインドしなければならない**】とある。一見、バインドの義務という点ではモールと同じように思えるが、よく読むと両者は異なることがわかる。原文では、モールは「must be bound（バインドされなければならない）」と、受動態と能動態のらない）」であり、ラックは「must bind（バインドしなければならない）」であり、違いが明らかだ。つまり、ラックは〝自ら相手にバインドする〟必要があるのに対し、モールは〝相手にバインドされていれば、自らバインドする必要はない〟ということ。あわせてモールは「中に引きこまれている（be caught in）」のであればよいと、こちらも受動態で記されており、必ずしも自らバインドをする義務がないことがわかる。

よくモールでの攻防中に見られるのが、ロックなど背の高いプレーヤーがモールの真ん中を割って、さながらクロールで泳ぐように前進する場面。これは、そのプレーヤーが**【モールの中に引きこまれている】**状態で、かつ誰かに**【バインドされて】**いるからであり、自らバインドをする必要がないということである。ラックでは〝バインドする〟義務があり、またスクラムでもその義務があるため、モールでもバインドをしなければならないと思いがちだが、モールの場合は条件さえ整えばバインドをする義務はなく、誰かにバインドせずとも両手が自由に使えるのである。

そもそも、モールはボールを持っているプレーヤーがいてこそ始まるプレーなのだが、ボールを両手で持っていればそのプレーヤーは誰かをバインドすることは不可能。その点が、モールとラックの大きな違いである。モールの中でボールを持っているため、誰かにバインドできないからといってペナルティにはなりえないし、一方で、その相手からボールを奪うために両手を使ったからといってペナルティになるということもない。

そのため、ボールを保持している側は、正当にモールの中を割ってくるプレーヤーからいかにボールを遠ざけるか、そこに様々な工夫をしてモールでのプレーを有利にしようとする。その攻防の最先端が「ラインアウトモール」である。

4　ラインアウトモール

▼「敵に背を向けて進む」のは卑怯な戦法？

現在のラグビーにおいては、ラインアウトから意図的にモールをつくる、通称「ラインアウトモール」という戦法がよく使われる。

ラインアウトとは、ボールがタッチに出た後、タッチラインの外から2列に並んだ各チームのプレーヤーの間にボールを投入するセットプレーだが（ラインアウトについては第5章で詳述）、その際、ボールを獲得したチームがそのままモールを形成して前進をはかるというプレーが「ラインアウトモール」である。

ラインアウトからモールをつくるという戦法は以前からあった。もともと、ボールを抱えて集団で前進するというモールは、南アフリカで1950年代に生まれた戦法である。ボールをキャッチすると同時に〝背中を相手に向け〟ボールを相手から遠ざけるという戦法だ。当時の日本では「背進結合」などと呼ばれたが、そのプレーをはじめて見た人たちからは「敵に背を向けて進むのはラグビーとは言えない」と批判されたという。とはいえ、その戦法が有効となると徐々に認められ、それに合わせてルールも整備されていったという経緯がある。

▼ラインアウトモール進化のプロセス

そのプレーは近年、さらに進化を続けているが、そこにはひとつのきっかけがあった。

古いラグビーファンなら知るところだが、現在のラインアウトで行なわれている、ボールを捕るジャンパーを持ち上げる「リフティング」は、以前は明確な反則とされており、ジャンパーはあくまで自力でジャンプしなければならなかった。しかし、そのルールが徐々に緩和され、現在ではジャンパーを〝リフト〟することが合法化されている。そのため、アタックの際に誰を、どこでリフトするかという複雑なサインプレーが次々と生み出されていき、それに合わせて新たなプレーが誕生した。その結果が現在の「ラインアウトモール」である。

ラインアウトでジャンパーを持ち上げる（リフトする）プレーヤーをリフターと言うが、1人のジャンパーに対して通常2人がリフターとなる。そのため、ジャンパーが空中でボールをキャッチし、その後地面に着地した瞬間に2人のリフターはジャンパー（着地後はボールキャリアー）を守るように摑んだまま身体を密着させる。その精度が上がれば上がるほど、相手側はボールを取ることが難しくなる。

「リフティング」が反則だった時代からラインアウト時にモールをつくるという戦法はあったものの、当時はジャンパーとその両脇のプレーヤーの間に隙間があったため、相手側にとってボールキャリアーのボールに対するプレーは比較的容易であった。

ラインアウトモールはディフェンス側にとってはやっかいなプレーだが、一方で、自分たちが同じプレーの精度を上げていけば、自分たちが攻撃をする際に有利になる。そういった考えのもとで、「ラインアウトモール」のプレーは進化を続けてきたのである。

▼ラインアウトモールへの対抗法・その1

とはいえ、各チームとも、いつまでもアタック有利で終わらせているわけにもいかない。特に、フォワードの身体が小さくモールが苦手なチームにとっては、自陣ゴール前でいったんラインアウトモールが組まれればそのまま相手のトライにつながる。実際、敵陣でペナルティキックを得たチームがボールを相手ゴールライン近くに蹴り出し、ラインアウトを得てラインアウトモールでトライを取るというのはよく見られる得点パターンである。

ちなみに1992年のルール改正以前は、ペナルティキックからタッチに蹴り出しても、ボールの投入は相手チームであったが、現在ではペナルティキックから自らタッチに蹴り出した場合、ラインアウトは自分たちのボールとなる。その改正理由は反則を減らすこと、つまり、反則をするとより不利益を被ると思わせるためのルール改正だったのだが、そのようなルール改正も、ラインアウトモールが進化した背景である。

まさに、プレーとルールがともに進化をし続けているという表れでもあるのだが、いずれにせよ、チームにとってはラインアウトモールを止める必要がある。そこで、ディフェンス側もいろいろと戦法を進化させてきた。

まずディフェンス側が考えたのが、空中のボールを捕らないということだ。空中でのボールのコンテスト（争奪）をハナからあきらめ、ジャンプをしないのである。相手にボールをキャッチさせた上で、その後のモールで勝負する戦法だ。

つまり、相手が空中でのキャッチに集中している一方、自分たちははじめからモールをつくる準備をして、少しでも有利な態勢にしようというもの。相手がボールをキャッチして着地した後に、あわよくばボールに絡みボールをコントロールさせない、あるいは相手方のリフターの間に入り込むなどしてモールの力を分散させようというものである。少なくとも、相手より先に腰を落とした低い姿勢になっていれば、ボールを捕るため腰高になった相手に対しては押し合いで有利になる。**【モールの中のボールが停止したままであるか、前進が止まり5秒経過したとき、モールは終了しスクラムが命じられ】【モール開始時にボールを持っていなかった側がボールを入れる】**ことになるため、そうなれば作戦は成功と言える。

但し、それもモールでの力勝負である程度対抗できる場合に限られる。フォワードのパワーやテクニックで力量差があれば、せっかく待ち構えてボールに絡んでも、ボールはしっかりキープされ、あえなくトライとなる。

▼ラインアウトモールへの対抗法・その2

そこで次に行なわれたプレーは、ボールを持った相手を倒してしまうこと。ボールをキャッチしたプレーヤーをタックルで倒してしまおうというプレーである。

但し、いったんモールが成立した後にモールを〝倒して〟しまうことは許されない。なぜなら**【モールの中のプレーヤーは、立っていようと努めなければならない】**のであり、**【プレーヤーは故意にモールをくずしてはならない】**というルールがあるため、モールコラプシングの反則となってしまうからだ。では、反則とならずに相手を倒すにはどうすればよいのか。

モールができる前に倒せばよいのだ。モールでないものを倒せば、モールコラプシングではない。つまり、モールができる前にタックルをしてしまおうという発想である。

具体的には、ジャンプしてボールを捕るという行為を捨て、低い姿勢で構えてボールを持った相手ジャンパーが着地する瞬間を待ち、地上に降りた後にタックルするのである。但し、ジャンパーが着地した瞬間に相手のリフターがジャンパーを守るように支えることになるので、簡単に倒れるわけではない。当然のことだが**【いずれのプレーヤーも、ラインアウトで…ジャンプしている相手側のプレーヤーにタックルしたり、片足または両足をはらったり、押したり、引っぱってはならない】**ため、そのタイミングも難しい。実際に、タイミングを間違えて「危険なプレー」となってしまう場合も稀ではない。

他にも、反則を覚悟でジャンパーが着地する瞬間にその足首に飛び込んで倒すとか、相手のリフターもろとも倒してしまうといったプレーも行なわれる場合があるが、いずれにせよ、効果はないばかりか反則となってしまい、かえってピンチを招くことになる。

そこで現在、新たな防御法が試行錯誤されている。

5　最初からモールに参加しない?

▼ラインアウトモールは反則ではないのか?

ラインアウトからモールが形成されてしまえば、止めるのは難しい。かといってモールの直前に倒すのも難しい。ならば、ラインアウトモールに参加しなければよいのではないか?

そもそも、ラインアウトモールでディフェンス側が不利になるのは、アタック側がボールを隠してしまうことにある。ジャンパーがボールをキャッチした後、着地の時点で相手に背を向けボールを取りにくくするばかりか、リフター2名が壁をつくってしまっている。本来、ラグビーでは**【いずれのプレーヤーも、故意に、相手側のプレーヤーがボールをプレーするのを妨害する位置へ動いたり、またはその位置に立ってはならない】**ことになっており、この行為は「オブストラクション」と呼ばれる反則になる。

ラインアウトモールの場合、この条文に抵触するのではないのか?　そう思う人もいるはずだが、実はこの点に関して、２００９年にスコットランドラグビー協会が『ワールドラグビー（WR、当時はIRB）』に疑問を呈していた。

世界のラグビー界では、各国の協会がルールに疑問を持った際、ラグビーの国際統括団体である『ワールドラグビー』に質問状を出し、その回答を求めることができる。『ワールドラグビー』はそれらの質問に対し回答を出して明確化するのだが、２００９年の問答は以下のようなものであった。

Q　ラインアウトで、チームAのジャンパーがボールを獲得して地上に降りた後リフターにバインドされ、その直後、モールになると想定しボールを後方に送った。だがチームBは空中のボールを捕らず、またチームAが想定したモールのプレーにも参加しなかった。その後、チームAがチームBのゴールラインの方向に向かって進み、チームBはその集団の先頭プレーヤーに接触したが、すでにボールは後方にありボールキャリアーに対してはプレーできなかった。この場合はオブストラクションの反則となるのか？

A　オブストラクションであるか否かは、ラインアウトであれオープンプレーであれ、同様に適用される。前記のような状況では当初のジャンパーがボールを持っていないため、相手がボールキャリアーに接触できず、モールをつくることができない。よって、レフリーはオブストラクション、または状況によってアクシデンタルオフサイドとすべきである。（以上要旨）

▼ラインアウトモールに関する特別なルールはない

文字にすると理解しにくいかもしれないが、このような場面は、実際にラグビーをプレーしている人、あるいはよくラグビーの試合を観戦している人ならば思い浮かぶはずだ。アタック側Aのジャンパーは、着地直後にボールを相手に取られまいとする。熟練されたチームほど、こういったプレーはうまい。但しここで問題となるのは、Aチームが「モールになると想定しボールを後方に送った」という点だ。

通常のラインアウトモールであれば、ジャンパーがボールをキャッチして着地したら、相手はそのプレーヤーを捕える。リフターがジャンパーを摑んでいるのでモールは**【ボールを持っているプレーヤーが、相手側の1人またはそれ以上のプレーヤーに捕らえられ…成立する】**。アタック側がモールで攻めようとした際は、ディフェンス側も〝モールで〟相手を止めようとすることが多い。ディフェンス側としては、いかに早くボールに絡むかが勝負で、そのため、アタック側はそうされまいと素早く後方にボールを送るわけだ。

図6　ラインアウトモールに「参加しない」場合

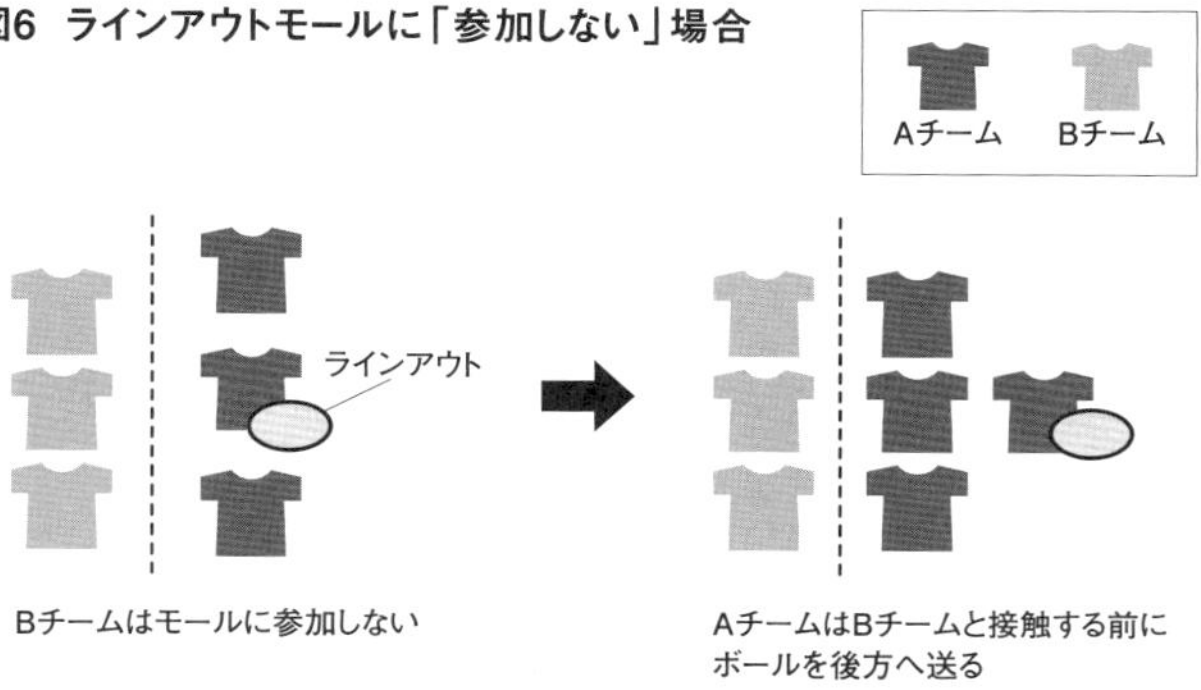
Aチーム
Bチーム
ラインアウト
Bチームはモールに参加しない
AチームはBチームと接触する前に
ボールを後方へ送る

しかしながら、ここではディフェンス側のBがモールに参加していない、すなわちAのジャンパー＝ボールキャリアーが、Bのプレーヤーと接触する前にボールを後方に送ってしまったという点がポイントである（図6）。その場合はどうなるのかという質問に対する回答が「レフリーはオブストラクション、または状況によってアクシデンタルオフサイドとすべき」である。ここで注目すべきは「オブストラクションであるか否かは、ラインアウトであれオープンプレーであれ、同様に適用される」という点だ。

現在では、当たり前のように行なわれている「ラインアウトモール」であるが、ラインアウトでモールをつくることは自由ながら、一方でモールをつくる必要もなければ相手がそこに参加する義務もない。そもそも、ラインアウトはボールがタッチとなった後にプレーを再開させるためのものであり、モールとは別個のものである。当然「ラインアウトモール」に関する個別の条文もなければ、特別なルールもない。当然、「ラインアウトモール」の際にオブストラクションが許されるはずもない。

よってラインアウトの際に**【故意に、相手側のプレーヤーがボールをプレーするのを妨害する位置へ動いたり、またはその位置に立って】**しまうとオブストラクションの反則（相手にペナルティキックを与える）になる。但し、そのプレーが反則と知りつつ**【故意に】**動いたのではなく、**【オフサイドにあるプレーヤーが、やむなくボールまたはボールキャリアーに触れた場合】**は**【偶然のオフサイドである】**ため、実際にはアクシデンタルオフサイドとなる場合が多い。『ワールドラグビー』でも、そのような判定をするように推奨している。

このように「ラインアウトモール」の攻防は、まさにルールをもとにしたイタチごっこ。正直言って傍目《はため》にはわかりにくく、面倒なことをしているようにも見えるだろう。

だが、これがまさに、常にプレーヤーたちが新しいプレーを考え、ラグビーというゲームを進化させていることの一面である。当然、それに合わせてルールも検討され、改正されている。モールに関しては現在も様々な議論がされており、今後も改正が行なわれていくはずだ。

第4章　タックルをひもとく

1　危険なタックルと危険でないタックルの境界線

▼「危険なタックル」かどうかを決めるのは「意図」か「結果」か

〝ラグビーの華〟とも言えるタックル。仮にゲーム中にタックルがなければ、ラグビーの魅力は半減するはずだ。

なぜ、ラグビーのタックルが見る者を魅了するのか。そこには激しさ、ときに危険を伴うような激しさがあるからだろう。それは、各種格闘技やモータースポーツ、スカイスポーツにも共通するかもしれない。観戦者の誰もがプレーヤーの負傷を期待はしていないはずだが、「負傷するかもしれない」という激しさが見る者を魅了しているのも事実だろう。

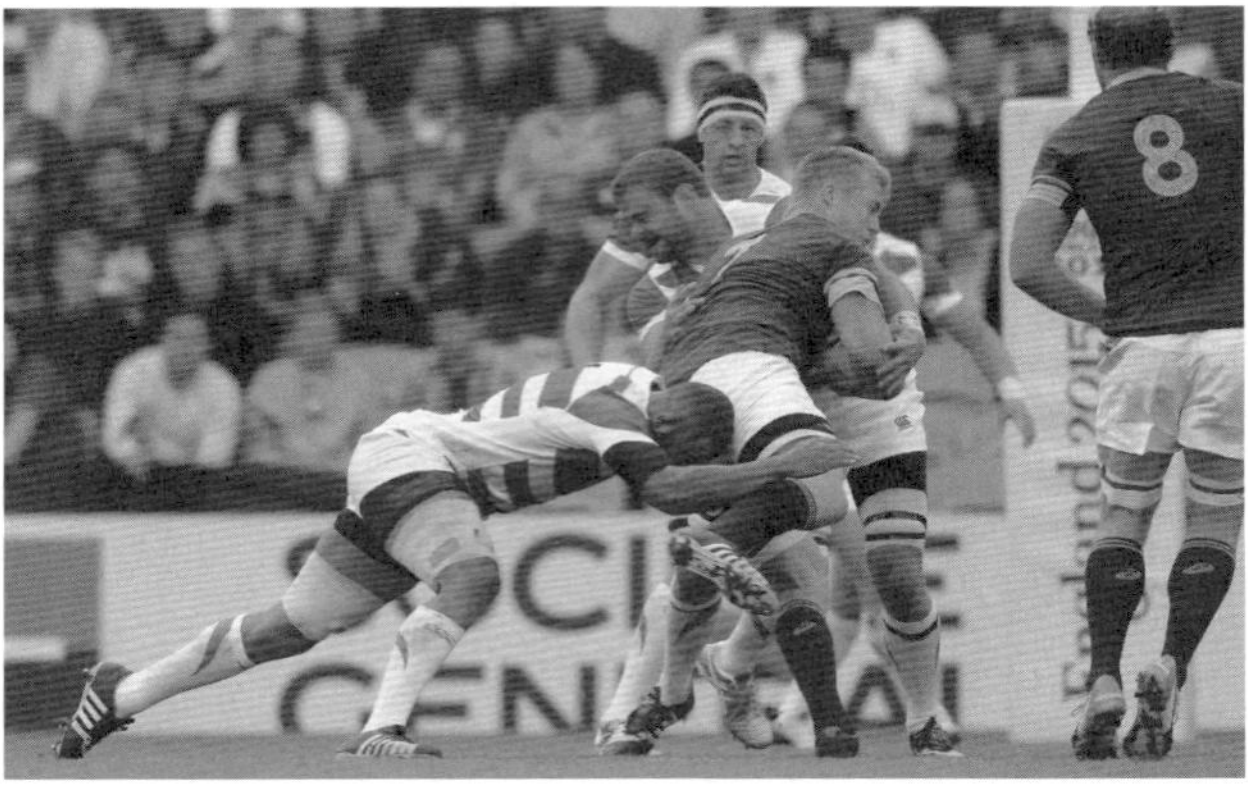

タックル（2015年ワールドカップ、南アフリカ戦）

しかしながら、負傷は避けなければならない。

当然、ラグビーのルールでも「危険なプレー」、特に「危険なタックル」に関しては厳しく禁じられており、そのルールもまた現場でのプレーに合わせて進化を続けている。

例えば、一般によく知られている「ハイタックル」。これは、以下のような条文によって規定されている。

【いずれのプレーヤーも、相手側プレーヤーの肩の線より上へタックル、あるいはタックルしようとすることは、たとえタックルが肩の線より下から入ったとしても、してはならない。相手の頸部、または頭部へのタックルは危険なプレーである】

ここでのポイントは**【タックルしようとすること（try to tackle）】**自体も反則の対象であり、また

【たとえ肩の線より下から入ったとしても】、結果的に**【肩の線より上へタックル】**してしまえば反則ということである。つまり危険なタックルに関しては、危険という結果が伴わなくともその意図は罰せられるのであり、一方でたとえ意図がなくても、最終的な結果によっては罰せられるということである。

なお、ここでの**【肩の線より上】**の「上」は原文では「above」であり、肩の線を含まない「上」のこと。つまり肩そのものを〝摑んで〟倒すこと自体が反則ではない。よく相手のジャージの襟《えり》を〝摑んで〟倒して反則とされることがあるが、これは「襟は肩の線より上」という理由以前に、実際に危険な状態で倒される場合が多いためと考えるべきであろう。ボールキャリアーをタックルした際、たまたま片手で襟を摑んでいたからといって危険な状態にならなければ反則となることはなく、ましてや〝襟に手がかかって〟タックルしようとした（try to tackle）だけで反則とすれば、かなりの違和感があるはずだ。

▼「ファウルプレー」と「反則」は別のもの

現在は削除されてしまったものの、２００５年までは以下のような条文があった。

【危険なタックルであるか否かを決定するのはレフリーである。レフリーは、タックラーの外

見上から察せられる意図や、タックルの性質、タックルされたり突き倒されたプレーヤーの無防備な体勢など、周囲の状況を考慮する。これらのいずれも大怪我の原因になりうる。危険なタックルはすべて厳重に罰しなければならない】

この条文は『競技規則』が改正、整理される中で削除されたものの、その意味するところが変わったわけではない。**【危険なタックルであるか否かを決定するのはレフリーである】**は言わずもがなだが、だからこそ、そのセンスが問われるのである。

「危険なタックル」は、『競技規則』の「第10条　不正なプレー（Foul Play）」の項目にある。ラグビーのルールでは**【いかなるプレーヤーも、不正なプレーに関する競技規則の反則を犯した場合、注意、警告による10分間の一時的退出、または退場のいずれかを命じられる】**。つまり、「危険なタックル」が起きた際は、レフリーの判断によって①「口頭による注意」、②「一時的退出＝シンビン（イエローカード）」、③「退場（レッドカード）」という決定が下される。なお、日本では①の「注意」の際、わざわざ英語で「コーション」と言う場合があるが、正式には「コーション（caution）」は②「一時的退出」の際の**【警告】**のこと。①の**【注意】**は忠告、諭すといった意味の「アドモニッシュ（admonish）」である。

カードを出すか否か、またカードの場合はイエローかレッドかはレフリーが決めるので、その判断は試合に大きく影響することになる。カードを出されて人数が少ない状態での失点率は、同じカード制のあるサッカーに比べてもかなり高いからだ。

ちなみに、よくサッカーやバスケットで反則のことを「ファウルプレー」と呼ぶが、ラグビーの「ファウルプレー」はカードの対象となる〝ファウルな〟（ひどい、汚い、悪らつな）プレーのことであり、その他の「反則（infringement）」とは明確に区別している。プレーヤーにとっては大きな罪であり、一方で、レフリーにとっては適切な判断が求められるもの、それが「ファウルプレー」である。

▼タックルとは、相手を「摑む」こと

「危険なタックル」には、他にも**【相手側プレーヤーに早すぎるタックル、遅すぎるタックル、または危険なタックルをしてはならない】**という条文もある。ここで「早い（early）」、「遅い（late）」とあるが、どこまでが「早いのか、遅いのか」は、レフリーが判断するしかない。これもまた、判断ひとつでゲームの流れが変わることが十分ありうる。

さらに、**【地面から両足が離れている相手側プレーヤーをタックルしてはならない】**との条文もあるが、ここでの適切な判断も重要だ。例えば、**【両足が離れている（feet are off）】**相手へのタックルが反則であるのに対し、片足が地面に着いている相手にはタックルをしてもよいのだろうか。仮に「つま先が地面につけば両足が離れているとは言えない」と言って反則としなければ、プレーヤーの負傷は確実に増えることだろう。逆に、走っているプレーヤーの両足が地面から離れた瞬間にタックルに入ったら必ず反則とするのか。ルールにあるからといってそれを杓子定規に取っていたらレフリーは務まらない。これは**【ボールを持っていないプレーヤーに対しプレーすることは、危険なプレーである】**というルールに関しても同様だろう。

ラグビーの場合、ボールを持っていない相手に対しプレーをすることは禁じられている。但し、ラグビーでは攻めているバックスが自らノーボールタックルを受けようとする場合もある。例えば、ボールを持ったセンターが外側のウィングにパスをする際、ぎりぎりまでボールを持ち相手を引きつけ、タックルされる直前にパスをする。そうすれば相手は自分とともに倒れるのでウィングが生きるというわけだ。その点はレベルの高いプレーヤーであるほど互いに納得済みのはずである。それを「ボールを持っていないプレーヤーに対してプレーをした」として反則とすれば、ルールを気にするだけでゲームを見ていないと言えるだろう。また、スクラム、ラック、モールの場合は「ボールを持っていない相手に対しプレーをすること」は許されている。この点は**【スクラム、ラック、モールの中にいる場合を除き、ボールを保持していないい**

ずれのプレーヤーも、ボールを持っていない相手側プレーヤーを捕え、押し、または妨害してはならない】とあり、その違いの判断も適切にしなければならない。

一方で、**【いずれのプレーヤーも、ボールを持っている相手側プレーヤーをつかもうとしないで、チャージしたり突き倒したりしてはならない】**というルールもある。タックルとは**【ボールキャリアーが、一人または複数の相手プレーヤーに捕まり地面に倒された場合に、タックルが成立する】**と定義されているように、相手を「摑む（hold）」必要がある。ここでの「チャージ（charge）」とは「突撃、急襲」といった意味だ。こういったプレーをよく「ショルダーチャージ」と言うが、まさに肩から体当たりするように突撃することである。なお、レフリーによっては「ノーバインド」と言うこともあるが、本来タックルは「摑む（hold）」ことが義務であり、「バインド」する義務はない。ラグビーでのバインドは**【手から肩までの腕全体を接触させて、他のプレーヤーの肩から腰の間の胴体の部分をしっかりとつかむこと】**と定義されており、タックルの場合は必ずしも「手から肩までの腕全体を接触」させる必要はないのである。例えば、相手の足首を摑んで倒す際などにはバインドはしていないが、これはタックルとして認められている。

▼タックルに必要な心構えとは

また、意外と誤解されがちなのが「ハイタックル」と「スティフアームタックル」の違いだ。条文には**【スティフアームタックルとは腕を伸ばして相手側プレーヤーに打ち付けるようなタックルのことである】**と記されている。ここでの「スティフ（stiff）」は「堅い、曲がらない」といった意味で、まさに腕を棍棒《こんぼう》のような状態にして相手に叩きつけるようなプレーである。ここではその行為自体を反則としているのであり、その当たった場所は問われていない。その堅い腕が相手の「肩の線より上」でなく胸や腕に当たったとしても、危険であるため反則となるのである。この点は、タックルが相手を**【しっかりとつかむこと】**という定義にも通じる。スティフアームタックルは、多くの場合、相手の首や頭部に当たるためハイタックルと混同されるが、その点は正しい理解が必要である。

タックルは危険が伴うプレーだからこそ〝ラグビーの華〟になりうるとも言えるが、やはり十分な安全性が確保されていなければならない。そこで求められるのは、プレーヤー自身の正しいルールの理解とともに、その心構えである。

その点について、『ラグビー憲章』には以下のようにある。

【例えば、ボールを獲得しようとして相手に強烈な身体的圧力をかけていると見られることにはまったく問題はないが、それは故意に、あるいは悪意を持って怪我を引き起こそうとする行為とは全く別なものである】

ここに、激しく身体をぶつけ合いながらも相手を尊重するラグビーの本質が表れている。

2 「タックラー」とは何者かという不思議な定義

▼タックルの定義は難しい！

タックルは危険が伴うからこそ、安全配慮が欠かせないという点は理解していただけたと思う。では、そもそもタックルとはルール上どういったものなのか。現代ラグビーにおいて、この点を理解するのは少々やっかいな問題である。

改めて、ラグビーにおけるタックルの定義について見てみよう。以下のようにある。

【ボールキャリアーが、一人または複数の相手プレーヤーに捕まり地面に倒された場合に、タックルが成立する。捕まえられていなければ、「タックルされたプレーヤー」とはならず、従

ってタックルは成立しない。相手プレーヤーで、ボールキャリアーを捕まえて地面に倒し、かつ自身も地面に倒れたプレーヤーを「タックラー」と呼ぶ。ボールキャリアーを捕まえていても地面に倒れなければ「タックラー」ではない】

ボールキャリアーが捕まり地面に倒された場合にタックルが成立する、というのは誰もが理解できるはずだ。但し、捕まえられていなければタックルは成立しないとある。これは例えば、ボールキャリアーを摑みタックルしようとした結果、そのボールキャリアーは倒れたものの、ボールキャリアーが倒れる直前に自分の手を放してしまい、倒れたときには〝捕まえていなかった〟場合を指す。その場合は、いくらボールキャリアーが倒れても【タックルは成立しない】とみなすのだ。

一方で、この定義を読むと【ボールキャリアーを捕まえて地面に倒し】ながら、自分も【地面に倒れなければ「タックラー」ではない】ともある。

ラグビー初心者であれば、いや長くラグビーにかかわっている人でさえ、なんとも理解しにくい定義ではないだろうか。なぜ、このようなわかりにくい定義となっているのか。その背景には、やはり、グラウンド上で進化する実際のプレーをルールが補完してきた経緯がある。

▼「ノットリリースザボール」との関係

ラグビーでは昔からタックルが行なわれていたのだが、**【タックルされたプレーヤー】**と**【タックラー】**がルールブック上で定義されたのは意外と遅く、2000年から。2000年には、28条あった条項を22条に再構成するなど、大幅なルール改正が行なわれている。

そのときの定義（試験的実施。翌年正式採用）では、タックルが成立した際**【そのボールキャリアーを「タックルされたプレーヤー」と呼び、タックルされたプレーヤーを捕えた相手プレーヤーのうち地面に倒れたプレーヤーを「タックラー」と呼ぶ】**とされていた。さらに同2000年の『競技規則』では、**【「地面に倒される」ということの定義】**として以下のように記されている。

【ボールキャリアーの片膝または両膝が地面につけば、そのプレーヤーは「地面に倒された」ものとみなす】。さらに**【ボールキャリアーが地面に腰を下すか、地上に横たわっているプレーヤーの上に倒れていれば、そのプレーヤーは「地面に倒された」ものとみなす】**と続く。

なぜ、こうも細かく定義しなければならないのだろうか――。

現在、ラグビーのゲーム中でタックル直後によく起こる反則に「ノットリリースザボール」というものがある。これは「タックルされたプレーヤー」が倒れたままボールを放さないというプレーだが、この反則を適用するためには「タックルされたプレーヤー」とはどういったプレーヤーか、すなわちどういった状態であるかを明確にしなければならない。その点が曖昧であれば、「ノットリリースザボール」という反則の基準も曖昧なままだ。

タックルされたプレーヤーが、手にしたボールを放したくないというのは人情というものだろう。ラグビーをプレーしたことのある人ならわかるはずである。実際、この大幅なルール改正以前には、「ノットリリースザボール」という反則はそれほど多くなかった。タックルされ地面に倒れたプレーヤーはボールを放さず、そこに他のプレーヤーが群がってボールを奪い合い、結局、ボールがいずれの側にも出ないままアンプレアブルとなる。そのためボールは停滞しがちになり、ゲームが大きく動かない。ラグビー自体をより楽しくするためには、タックルされた後でもボールが停滞せず、早く動くようにする必要がある。そのためにタックルに関するルールを変え、整備することが求められた。「タックルされたプレーヤー」を定義することによって、反則か否かを決めるレフリーはもとより、プレーヤー自身も自らのプレーが正当か否かの判断がしやすくなるはずである。

例えば先に記したように、ボールキャリアーが【**捕まえられていなければ**、「**タックルされたプレーヤー**」**とはならず、従ってタックルは成立しない**】とされることによって、その場合は倒れたボールキャリアーはそのままボールを〝放さずに〟立ち上がってプレーを続けることが許される。つまりそういった場面では「ノットリリースザボール」の反則は起こりえない。

▼〝タックラーのいないタックル〟とは?

さて、「タックルされたプレーヤー」を定義したのだから、「タックラー」も定義しなくてはならない。しかし、「タックラー」を定義するにあたって、新たな問題が起きた。

前記のように、現在のタックルの定義では**【ボールキャリアーを捕まえて地面に倒し、かつ自身も地面に倒れたプレーヤーを「タックラー」と呼ぶ。ボールキャリアーを捕まえていても地面に倒れなければ「タックラー」ではない】**と明記されている。

例えば、身体の大きなナンバーエイトが相手のボールキャリアーである小さなスクラムハーフを摑んで倒した場合、その時点でタックルは成立する。なぜなら**【ボールキャリアーが…相手プレーヤーに捕まり地面に倒された場合に、タックルが成立する】**からだ。これは倒されたスクラムハーフの視点。一方で、相手を倒したナンバーエイトは**【地面に倒れなければ「タックラー」ではない】**というのである。つまり、定義上で言えば〝タックラーのいないタックルが成立〟した場面ということになる。

現在のルール上では、タックルが起きた場合、プレーヤーは、①「タックラー（THE TACKLER）」、②「タックルされたプレーヤー（THE TACKLED PLAYER）」、③「その他のプレーヤー（OTHER PLAYERS）」に分類されることになる。言い換えるなら、全てのプレーヤーは必ずこの3種類のいずれかになるのだ。つまり、ここでのナンバーエイトは「その他のプレーヤー」に分類されるのである。

なぜ、相手を倒しながらも、自らが倒れなければ「タックラー」とはならず「その他のプレーヤー」になってしまうのか。そこにも背景はある。

▼〝アシストタックラー〟という微妙な存在

タックル時の「タックラー」と「タックルされたプレーヤー」を正式に定義上で分けた2001年には、**【タックルの地点…で、ボールをプレーする他のプレーヤーは、ボールの後方、かつ…自陣ゴールラインに近い方のプレーヤーの真後ろから、プレーしなければならない】**との条文を定めている。つまり、タックルが成立したならば、「その他のプレーヤー」がボールをプレーする際は、相手陣からボールを拾ってはならないとした（図7）。

しかしその後、ある議論が起こる。それは、タックル成立後に「ボールキャリアーを捕まえ

図7　タックル成立後、タックルの地点でボールをプレーする場合

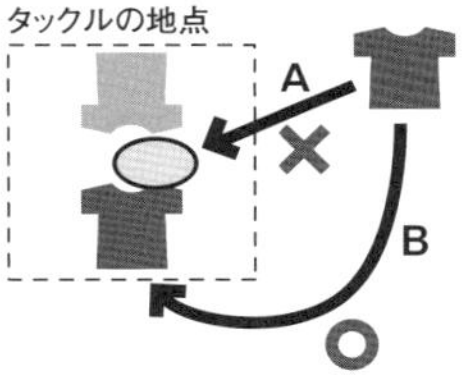

【タックルの地点…で、
ボールをプレーする他のプレーヤーは、
ボールの後方、かつ、
…自陣ゴールラインに近い方のプレーヤーの
真後ろから、プレーしなければならない】

■矢印Aは、「オフザゲート」の反則

■矢印Bは、正しい入り方

ていながら立ち続けているプレーヤーは、タックラーか否か？」。

つまり、タックラーであるならば**【立ち上がった後は、どの方向からボールをプレーしてもよい】**（次項参照）ため、立ち上がりさえすれば自陣、相手陣限らずその場でプレーができるというルールの中で、「相手を摑んで立っているプレーヤーはタックラーなのか？」すなわち「そのプレーヤーは相手陣からでもボールをプレーできるのか否か？」という議論である。

様々な意見があったようだが、結局、2004年に**【ボールキャリアーを捕まえていても地面に倒れなければ「タックラー」ではない】**という定義が追加され、現在に至っている。そして**【ボールキャリアーを地面に倒しタックルが成立したら、立ったままでいる相手側プレーヤーは、ボールとボールキャリアーを放さなければいけない】**ことになり、このプレーヤーが〝アシストタックラー〟と呼ばれ、そのまま相手を放さずにボールをプレーし続ければ反則となってしまうことになったのである。

立っていれば〝タックラーではない〟と定義しながら〝アシストタックラー〟と呼ぶというところにいささか矛盾を感じるが、これが現行のルールである。

3　タックル直後、各プレーヤーの「義務と権利」

▼まずは「タックラー」の義務

ここまで少々複雑ながら、タックルの定義について記してきた。では、実際のタックルでは具体的にどのようなことが起こっているのだろうか。

現在、タックル直後のボール争奪戦の場面は〝ブレイクダウン〟と呼ばれており、ここ数年、その激しさが増している。一方で、タックル直後の反則についてはわかりにくいのも事実。そこで、タックルが起きた後のそれぞれのプレーヤーにある「義務と権利」について確認してみよう。

まずは、タックルが成立した直後の場面を見てみる。タックルが成立すると通常は、①「タックラー」、②「タックルされたプレーヤー」の両者が生まれる。

そこでは**【タックラーは直ちにタックルされたプレーヤーを放さなければならない】**。順序としては、この行為が最初に行なわれなければならない。さらに**【タックラーは直ちに立ち上がる】**ことが求められる。**【タックラーはボールをプレーする前に立ち上がらなければ】**ならないからであり、その代わり**【立ち上がった後は、どの方向からボールをプレーしてもよい】**ということになっている。

とはいえ、実際には、タックラーはそう簡単に立ち上がることはできない。その場合、タックラーは**【タックルされたプレーヤーとボールから…離れなければならない】**ことになる。もし、直ちにその場から離れることができなければ「ノットロールアウェイ」の反則になる。特にタックル直後、その地点に「その他のプレーヤー」が集まりラックが形成されれば、タックラーが立ち上がることはますます困難になる。それでも**【ラックの中、またはラックに近接して地上に横たわっているプレーヤーは、ボールから離れようと努めなければならない】**のであり、その場に横たわり続けることは許されない。また**【これらのプレーヤーは、ラックの中のボール、またはボールがラックから出てくるのを妨害してはならない】**ので、もしボールの展開が妨害されれば、その意図によらず「ノットロールアウェイ」の反則になるはずだ。こういった反則は現在、実際のゲームでもよく起こるが、タックルに関する大幅なルール改正以前であれば、それほど厳しくはなかった。そこにゲームの進化の跡が見てとれる。

▼「タックルされたプレーヤー」の義務と権利

次に②「タックルされたプレーヤー」について見てみよう。その最初の義務は**【ボールの上に、ボールをおおって、またはボールに近接して横たわって、相手側がボールを獲得するのを妨げてはならない】**ということである。実際のゲームでは、タックルされたプレーヤーが相手にボールを取らせまいと、倒れた後に四つんばいになってボールを隠すプレーが見られるが、この行為は「スクイーズボール」（ボールを押しつぶす）と呼ばれる反則となる。

よくラグビーの練習では、タックルされたプレーヤーがボールを後方に置くことが行なわれるが、これはあくまで**【相手側がボールを獲得】**しようとする前の段階で許されているプレーであり、もし実際の試合で**【立っている相手プレーヤーがボールをプレーしようとする場合、タックルされたプレーヤーはボールを放さなければならない】**。

逆に、タックル直後にその周辺で〝立っているプレーヤーがボールをプレーしようとしていなければ〟タックルされたプレーヤーには、倒れたままでもボールのプレーに関して以下の4つの権利がある。それは**【タックルされたプレーヤーは直ちにボールを】**①パスする、②放す、

③（いずれかの方向に）置く、④地面上で（後方に）押し進める（pushing）。
ここでよく問題となるのが、「直ちに」とは、どれくらいの早さなのかだ。ラグビーの条文にはこの「直ちに（immediately）」という言葉がよく出てくる。**【タックラーは直ちにタックルされたプレーヤーを放さなければならない】**し、**【タックルされたプレーヤーは直ちにボールをパス】**しなければならない。またタックルの地点で**【ボールを獲得したプレーヤーは…直ちにボールをプレーしなければならない】**。結論から言えば、条文上「直ちに」に時間的な制約はない。重要なのは、なぜ「直ちに」なのかを考えることである。

ここで「タックルされたプレーヤー」の権利が認められるには、あくまで〝立っているプレーヤーがボールをプレーしようとしていない〟という条件が必要だ。**【立っている相手プレーヤーがボールをプレーしようとする場合、タックルされたプレーヤーはボールを放さなければならない】**という点が重要なのである。そういった場合、「タックルされたプレーヤー」がボールを放す際の「直ちに」に時間的な猶予はない。

ラグビーの場合、立っているプレーヤーが優先されるため、倒れたまま相手のプレーを妨害すれば反則となるが、それも立っている相手がいてのこと。反則となるのは、そこにいる相手プレーヤーに不利益をもたらすからに他ならない。

例えば、1対1でタックルが成立した際、周りに「その他のプレーヤー」がいない中で、ボールを放す行為に時間的な制約を設け、その時間を超えたから反則としてしまったら、それはなんのためのルールかということになってしまう。ラグビーのルールはあくまでゲームを安全に楽しむことを基本としており、ゲームになんの影響もない現象を「ルールがあるから」といって反則としてしまっては、本末転倒ということである。つまり「直ちに」の判断とは、結局は、レフリーのセンスによるものなのである。

▼「その他のプレーヤー」は立っていることが原則

最後に、タックル成立時に生まれる第3の存在「その他のプレーヤー（OTHER PLAYERS）」について見てみよう。

まず、**【タックル後は、他のいずれのプレーヤーも立っていなければボールをプレーすることはできない】**というのが大原則である。そのため、**【いずれのプレーヤーも…地上に横たわっている2人以上のプレーヤーの上に、または越えて倒れ込んではならない】**ということになっている。倒れ込んでしまえば「倒れ込み」または「シーリングオフ」（ボールや倒れている味方プレーヤーに覆い被さるように倒れる）という反則となる。

ちなみに「オーバーザトップ」という反則もよく聞くが、これは、倒れているプレーヤーの上（トップ）を越える（オーバー）ように相手側に倒れること。通常タックルされたプレーヤーの多くは自陣側にボールを置くため、そのボールまたはプレーヤーの上に倒れ込む「シーリングオフ」は攻撃をしている側に多く見られる反則で、「オーバーザトップ」は攻守いずれにも起こりうる反則だが、本質的には同じである。

ここで重要なのは、単に「倒れた」という結果や現象だけで反則となるのではなく、「倒れ込んで」相手のプレーを妨害した場合に反則となるということだ。相手に押し勝ってボールを活かした上で相手側に倒れても、あるいはボールと無関係なところで倒れてしまっても、反則となることはない。ブレイクダウン時に「倒れた」という現象だけで笛を吹けば、その数は膨大になってしまうだろう。

一方で、**【立っているプレーヤーとは、足以外の体の部位が、地面、または地上に横たわっているプレーヤーにもたれかかっていないプレーヤーのことである】**とされている。タックル直後に相手のボールを奪おうとする際、「立っていない」とみなされる場合がよくあるが、ポイントは「もたれかかって（is supported）」いるか否か。ラグビーでは、地面に横たわるように倒れなくても、自分の体重を自分の足で支えられないような状態は「オフフィート（off feet）」

として「倒れている」とみなされる。

その上で**【タックル後は、立っているプレーヤーはいずれも、ボールキャリアーからボールを奪おうとしてもよい】**ため、もし「タックルされたプレーヤー」がボールを放さなければ「ノットリリースザボール」の反則となるわけだ。

4　タックルとオフサイドの交われない関係

▼タックル地点に横から入るのは「オフサイド」か?

改めて整理しよう。タックルが起きた際、プレーヤーは①「タックラー」、②「タックルされたプレーヤー」、③「その他のプレーヤー」のいずれかに分類される。相手を摑んで倒しながらも、地面に倒れていないプレーヤーは〝アシストタックラー〟と呼ばれることもあるが、ルール上では「その他のプレーヤー」である。

そして、タックルが起きた地点＝通称〝タックル・ボックス〟でボールをプレーするためには、いずれのプレーヤーであれ、立っていなければならない。「タックラー」または「タックルされたプレーヤー」でも、すぐに立ち上がればボールに対しプレーをすることができる。但し「その他のプレーヤー」に関しては、**【自陣ゴールラインに近い方の…真後ろから】**しかボールをプレーすることができないという条件が加わり、相手陣側や斜め後方からボールをプレーしたら反則とされてしまう（183ページ図7参照）。

但し、その反則を安易に「オフサイド」と思ってはいけない。そこが重要な点である。

タックル地点に相手陣や横から入るというのは、ラックやモール時のオフサイドとよく似ている。似ているどころか、現象としては同じと言えるだろう。確かに同じとはいえ、ではその反則はオフサイドと言えるのか。仮にオフサイドならば、そこにはオフサイドラインがあるはずだ。本来、オフサイドラインとは以下のように定義されている。

【一方のタッチラインから他方のタッチラインへ地面を横切り、ゴールラインに平行な、想定された線】

例えば、ラックの場合のオフサイドに関しては、以下のように具体的に記されている。**【双方のチームに1本ずつ、ゴールラインに平行して2本のオフサイドラインが発生する。それぞれのオフサイドラインはラックの中の最後尾の足を通る。最後尾の足が、ゴールライン上、またはゴールラインの後方にある場合、防御側のオフサイドラインはゴールラインとなる】**

このようにオフサイドラインとは、タッチラインの間に最大70メートルにわたって引かれる、横に長いラインである。モールもスクラムもラインアウトの場合も同様だ。

▼タックル時の反則は、タックル地点限定

すでに述べているように、オフサイドとは、この仮想のラインによってグラウンドを敵陣と自陣に分けるもの。単にボールの周辺という限られた区域だけでなく、グラウンド全面をいずれかの「サイド」に大きく分けるのだ。ということは、いったんオフサイドラインができれば、必ずしもボールの周辺にいなくとも、オフサイドラインを越えていれば「オフサイドプレーヤー」（オフサイドの位置にいるプレーヤー）となる。タッチライン際に立つウィングでさえ、オフサイドラインを越えていれば「オフサイドプレーヤー」である。

そして重要なのは、**【後退しつつあるオフサイドプレーヤーは、相手側がボールを獲得して、ラック、モール、スクラム、またはラインアウトが終了しても、オンサイドとはならない】**というルールである。

どういうことか。イメージしてほしい。

例えば、スクラムからボールを持ったナンバーエイトが独走し、相手のディフェンスライン

を突破し大きく前進。ようやくディフェンス側のフルバックがタックルをして止めた。

もし、タックル直後にラックが形成されたのなら、その瞬間にオフサイドラインが発生し、その時点でボールキャリアーに抜かれたディフェンス側のプレーヤーの多くは「オフサイドプレーヤー」（オフサイドの位置にいるプレーヤー）になっている。その後、ラックからアタック側が素早いパスをし、ラックが終了したとしても、彼らディフェンス側の**【後退しつつあるオフサイドプレーヤー】**はあくまでも「オフサイドプレーヤー」である。もしそのボールに働きかければ、あるいは相手のボールキャリアーをタックルすれば、オフサイドとして罰せられる（194ページ図8上）。この点はラックに限らず、モール、スクラム、ラインアウトなど、オフサイドラインが形成される場合は全て同じ原則である。

一方、タックルの場合はどうか。

独走したアタック側ナンバーエイトを防御側フルバックがタックルで止めた時点でラックが形成されず、すぐさまアタック側スクラムハーフによってパスアウトされたのならば、そこにオフサイドラインは発生していない。よって「後退しつつあるプレーヤー」は「オフサイドプレーヤー」ではないため、ボールに働きかける、あるいはボールキャリアーをタックルしても、なんら問題はない。正当なプレーである（図8下）。これは、タックルされたナンバーエイトが

図8　ラック形成時（オフサイドライン発生）と
タックルのみ成立（オフサイドラインはない）の違い

●ラック形成時（オフサイドライン発生）

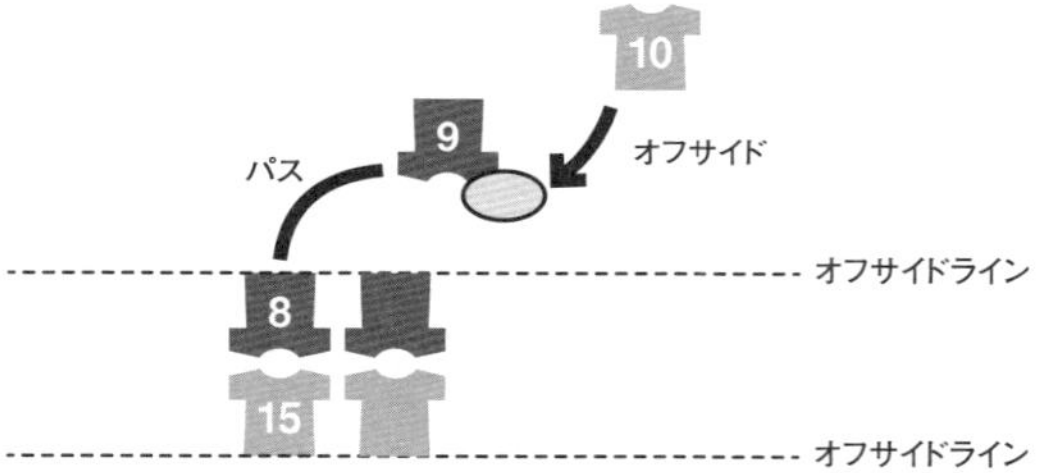

●タックルのみ成立（オフサイドラインはない）

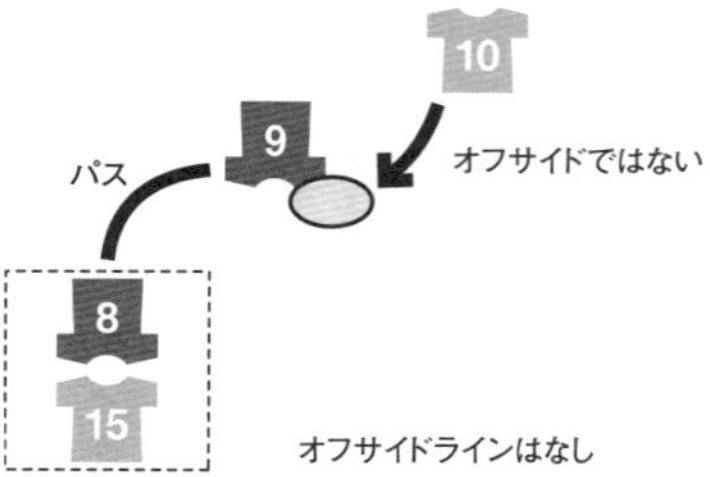

直後にボールを後方（自陣側）にこぼした場合なども同じであり、その方がイメージしやすいかもしれない。

但し、こうしたタックル直後の〝ブレイクダウン〟場面でのプレーは高度に進化を続けており、レフリーの判定に対し異論や疑義が出るのも事実である。そのため現在、世界では〝ブレイクダウン〟時にオフサイドラインを設定するなど様々なルール改正が検討されており、今後は大きく変わっていくはずである。

5　最近のタックルは、相手を倒さない方が得？

▼本末転倒のタックル？

ゲームの進化と言えば、現在、タックルそのものにもおもしろい進化が見られる。

タックルは本来、相手を倒すことを目的としているが、現在行なわれているタックルの技術には〝相手を倒さない〟ものがある。これは〝チョークタックル〟と呼ばれるもので、ボールキャリアーをいかに倒さないかが勝負の分かれ目であり、タックルする側は相手を倒さなければ勝ち、倒れられれば負けという、まるで本末転倒のようなタックルである。

「チョーク（choke）」とは「絞める、詰まらせる」といった意味だが、ここではボールキャリアーである相手を抱え込みながら〝倒さず〟締め上げることを目的とする。

通常、味方のボールキャリアーが相手に捕まると、それを助けるために他のプレーヤーがそのボールキャリアーを抱え込みに行く。その瞬間に、モールが成立することになる。なぜなら**【モールは、ボールを持っているプレーヤーが、相手側の…プレーヤーに捕らえられ、ボールキャリアーの味方1人またはそれ以上のプレーヤーがボールキャリアーにバインドしているときに成立する】**からだ。まさに、この定義通りの現象である。

そこでボールの争奪戦が始まり、当初のボールキャリアー側がボールをバックスに展開、あるいはそのまま前進を続け、インゴール内でグラウンディングをすればトライを得られる。一方のディフェンス側は、トライさえ奪われなければ負けにはならない。相手のモールの前進を止めれば勝ちである。必ずしも、相手からボールを奪い取る必要はない。

なぜなら**【モールの中のボールがアンプレアブルとなれば、レフリーはボールの奪い合いを長く認めてはならない。スクラムが命じられる】**からだ。この点は**【モールの中のボールキャリアーが、地面に片膝または両膝をついたり、地面に腰を下した場合を含めて、地上に倒れた**

場合には、直ちにボールがプレー継続可能とならない限りスクラムを命じる】と具体例も示されている。そして、その際のスクラムでは**【ボールを保持していなかったチームが、ボールを投入する】**ことになる。

▼ディフェンスは「プレー不能」状態に持ち込みたい

このルールは特段新しいものではないが、ここでの**【直ちにボールがプレー継続可能とならない限り】**のタイミングが、近年、変化を見せている。

先に記したように**【直ちに】**に時間的な制約はないものの、最近では、プレーヤーの安全を考えて、かなり短くなっているのだ。実際のところ、それまではモールが反則でなくくずれ、ボールキャリアーが地面に倒れた後も、しばらくはボールの争奪戦が続いていた。その多くはプレーがモールからラックに変わったと思われてきたが、実は、ディフェンス側はモールを故意にくずさない限り、ボールキャリアーが地面に倒れたからといってボールを放す義務はないのである。確かに、ラックの場合はその中のボールを手で扱えば「ハンド」の反則となるのだが、ラックとなるためにはモールが終了しなければならない。そして、モールが終了する条件のひとつは以下のようになっている。

【モールは次の場合に終了する：ボールが地上についた場合】

そもそも**【ラックとは…地上にあるボールの周囲に密集するプレーのことをいう】**のであり、もともと立ってボールを奪い合っていたモールがくずれたからといって、単純にラックになるわけではない。しかも、一方で**【モールの中のプレーヤーは、立っていようと努めなければならない。モールの中のボールキャリアーは、地面に倒れてもよいが、直ちにボールをプレー継続可能な状態にしなければならない】**とされている。

つまり現行のルールからすれば、以下のようになる。

ボールキャリアーA1が相手B1に捕まる→A1を助けるべくA2が身体を密着させる→その時点でモールが成立する→モールからボールが出なければBチームボールのスクラムとなる→またそのモールが反則でなくくずれた場合、B1はボールまたは相手A1を放す義務はない→その後ボールが出なければBチームボールのスクラムとなる。

ディフェンス側のBチームがモールを故意にくずせば「モールコラプシング」の反則となるが、ここでBチームは、くずすよりも〝故意に立ち続けて〟アンプレアブルにすることによってマイボールのスクラムを狙いたい。一方、アタック側のAチームはそれを避けるため、地面に倒れることによってボールを活かしたいのだが、相手B1はA1が倒れても相手を放す義務はないので、ボールを活かすことは難しい。そしてレフリーは、そのような状態でプレーを継続させれば危険が予想されるので、早目にアンプレアブルの笛を吹く。

この点は、2011年に『ワールドラグビー（WR、当時はIRB）』が示した「ルーリング（ルールの明確化）」でも明らかになっている。そうなれば、この一連の場面では、ボールに絡み続けたBチームの勝ちと言える。特に身体の大きいフォワードが主体のチームであれば、その後のスクラムも含めて、こうしたプレーの方が有効だ。通常のタックルで相手を倒したとしても、その後に素早くボールを展開されて連続攻撃を仕掛けられるよりは、相手の攻撃を止めやすい。よって、攻撃を止めるための有効な手段として〝相手を倒さないタックル〟である〝チョークタックル〟の技術が進歩したというわけだ。

第5章　ラインアウトをひもとく

1　タッチの際にボールが〝タッチ〟するものとは？

▼タッチとは、なにに「触れた」ときなのか

ラグビーにおけるセットプレーのひとつ、ラインアウト。ラグビーでオフサイドが起こる最後の4つ目の場面でもある。この章ではラインアウトについて解説するが、そのためには、まずラインアウトが行なわれる直前の〝タッチ〟について考えてみたいと思う。

ラグビーでは、ボールが〝タッチライン〟の外に出れば〝タッチ〟となり、基本的にはタッチに出した相手側のボールの投入によってラインアウトが行なわれる。この点は多くの人が知るルールであろう。だが、ここで疑問がわかないだろうか。

「タッチとは、一体、なにとなにのタッチ（接触）なのか？」

バスケットボールやハンドボールのコート横のラインは「サイドライン」である。サッカーの場合は、本来「タッチライン」であるが「サイドライン」と呼ぶ場合も多く、その近辺で旗を持つ人は、一般に「ラインズマン」と呼ばれる（1996年以降、正式名称は「アシスタントレフリー」に変更）。ラグビーの場合は「タッチジャッジ」である。実は2009年以降、ラグビーの特定の試合でレフリーの資格を持つ者がタッチジャッジを務める場合は「アシスタントレフリー」と呼び、その権限を拡大して他のタッチジャッジと区別している。

しかし、ラグビーの世界ではルール上も含めていまだにタ

ラインアウト（2015年ワールドカップ、南アフリカ戦）

ッチジャッジは存在する。現在の『競技規則』でも**【すべての試合には、2名のタッチジャッジ、または、2名のアシスタントレフリーをおく。試合主催者による指名がない場合には、両チームがタッチジャッジを1名ずつ出す】**と決められている。

タッチジャッジ（またはアシスタントレフリー）は、なにかがなにかにタッチすれば（触れれば）手に持つタッチフラッグを上げるのであり、その点をジャッジ（審判）するのが仕事だ。単純に考えれば、ボールがタッチラインそのもの、またはタッチラインの外側の地面に触れる（タッチする）ことによって〝タッチ〟（触れた）とジャッジするはずだ（この点に関してはゲームへの影響などは考慮されず、当然、アドバンテージも適用されない。ここがレフリーとジャッジの根本的な違いである）。

現行の『競技規則』では、タッチの定義について**【ボールが、タッチライン…タッチラインの外側にある物、あるいは人のいずれか**（anything or anyone on or beyond the touchline）**に触れた**（touches）**場合、そのボールはタッチ**（in touch）**である】**と記されている（※注：日本語条文にある「タッチラインの外側の地面」は原文にはない）。

ラインアウトは、タッチになった地点で行なわれることになるのだが、では以下のような場合は、どこでラインアウトが行なわれるのだろうか。

図9　どこでラインアウト？

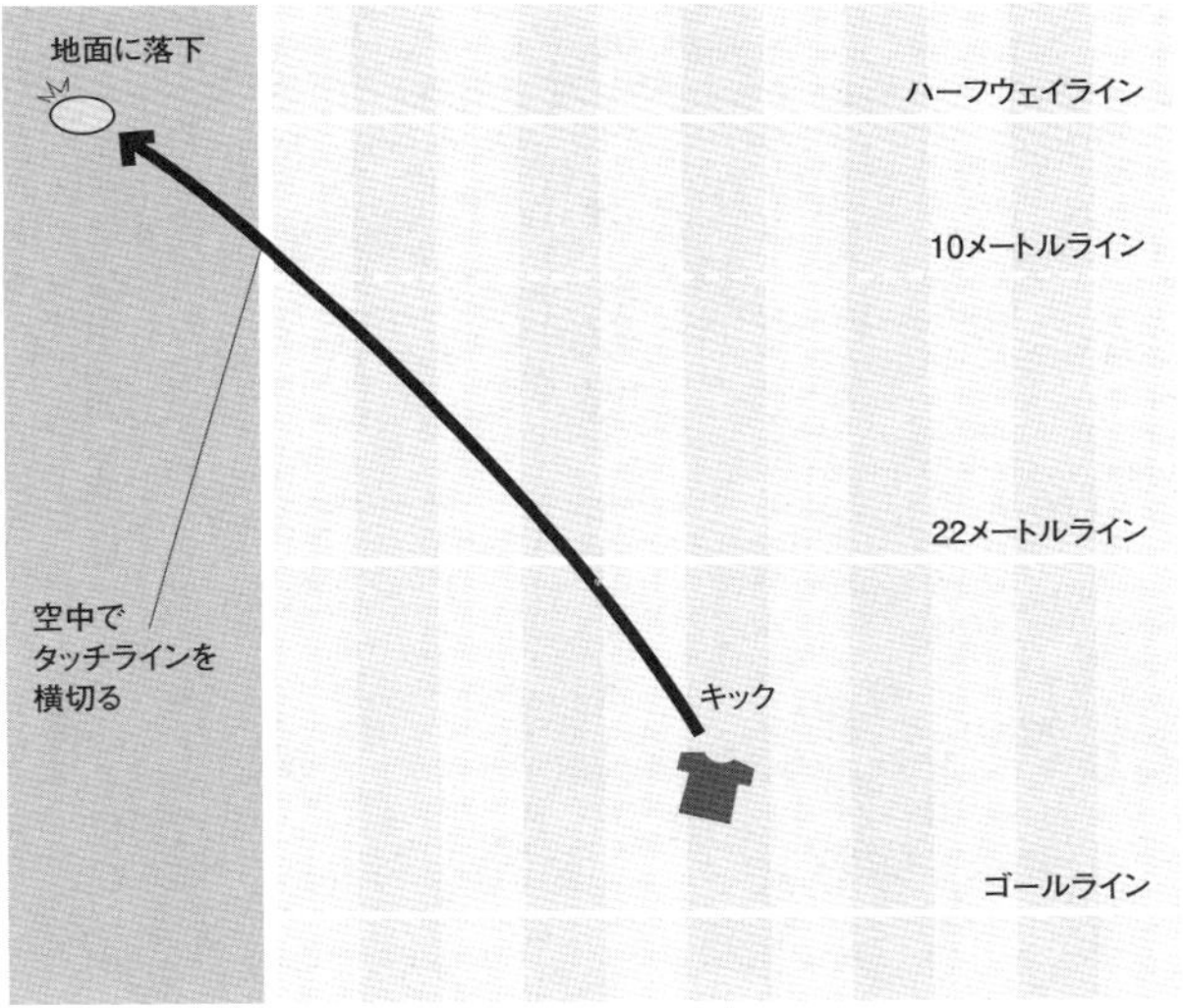

自陣22メートルラインの後方からボールを斜め前方に大きく蹴り出した際、ボールが自陣の10メートルライン付近の空中でタッチラインを横切り、その先のハーフウェイラインの延長線上のタッチラインの外側の地面に落下した（図9）。

この場合ラインアウトが行なわれるのはボールが地面に触れた（タッチした）、すなわち地面に落下した地点の延長線にあるハーフウェイライン上なのか？　そうではない。ラグビー経験のある人には周知のことだが、ラインアウトが行なわれるのは、それ以前の「空中でタッチラインを横切った地点」すなわち自陣の10メートルライン上である。
ルールの定義においても【**タッチになった地点とは、ボールあるいはボールキャリアーが、タッチラインに触れた、あるいはタッチラインを横切った**（crossed the touchline）**地点をいう**】と記されている。つまりこの定義によれば、蹴られたボールが「タッチになった地点」とは、タッチライン上の〝空気〟に触れた（タッチした）地点ということになる。

▼ラグビーには〝空気の壁〟が存在する

ラグビーの世界には「立平面」という言葉があり、それは以下のように定義されている。

【**タッチライン上の立平面とは、タッチラインの上に想定された垂直な平面である**】

「立平面（The plane of the touchline）」は日本語に無理に翻訳した言葉であり、一般には使われないが、原文に照らせば「タッチライン上の（見えない）面」という意味であろう。言い換えるならば、タッチライン上の見えない〝空気の壁〟ということだ。実はこの〝壁〟はゴールポストにもあり、ゴールキックの際にかかわってくる。ゴールキックの得点はH型のポールを越えることによって得られるが、【**ボールがいったんクロスバーを越えれば**（has crossed）、**フィー**

ルドオブプレーに吹き戻された場合でも、ゴールは得られる】ということになっている。つまり、得点か否かは、ボールの間にある〝空気の壁〟を基準にしているのだ。

この〝壁〟は、10メートルライン上にも存在している。キックオフの際、蹴られた**【ボールが相手側の10メートルラインに達する】**必要があるのだが、**【10メートルラインに達した**（reaches）**後、吹き戻された場合にも、競技を続ける】**ことになっている。つまり、ボールは10メートルライン上にある〝空気の壁〟に達すればよいのであって、その後の落下点は問われていない。〝空気の壁〟に達した後、突風によって吹き戻され、最終的に自陣側に落下したとしてもプレーは継続される。あくまで基準は〝空気の壁〟なのである。

ちなみに、ゴールキックの場合はクロスバーを「越える（has crossed）」必要があるため、ボールの後端までが〝空気の壁〟を越えなければならないのに対し、キックオフのボールは10メートルラインに「達する（reach）」ことが求められているので、ボールの先端が〝空気の壁〟に触れればよいということになる。もちろん、その判断はレフリーに委任されるわけだが。

▼〝空気の壁〟とゲームの継続との関係

そうした基準で言えば、タッチラインの外にボールが飛んで行った場合、**【タッチになった**

地点とは…タッチラインを横切った（crossed the touchline）**地点】**となることには整合性があると言えるだろう。つまりラグビーは、見えない〝空気の壁〟によって区切られた区域内でプレーが行なわれているのである。

但し、ここで疑問を持つラグビー経験者もいるかもしれない。「蹴られたボールが空中でタッチラインを越えた後、風で吹き戻された場合はプレーは継続するのではないのか？」と。

確かに現在のルールでは、風で吹き戻された場合はタッチにならず、プレーは継続される。タッチになるのは、あくまでボールが**【タッチライン…に触れた】**または**【タッチラインの外側にある物、あるいは人のいずれかに触れた場合】**に限定され、〝空気〟ではなく〝実体〟との接触を基準としている。キックオフのボールが10メートルライン上の〝空気の壁〟に達すれば落下点を問わないのに対し、タッチキックの場合は落下点が問われており、ここには矛盾が見られる。

だが実は、タッチに関しても、1979年までは、タッチライン上にある〝空気の壁〟に〝触れた〟時点でタッチとされ、その後の落下点は問われていなかった。それを、ゲームをなるべく継続させるという意図からルールを改正したのである。これまで述べてきたラグビーのルール改正の歴史と同様だ。継続を尊重するからこそ、蹴られたボールがタッチライン上の

〝空気の壁〟を越えても、落下地点が内側であればプレーは継続とした。一方、仮にキックオフのボールも落下点を基準にしてしまうと、逆にプレーの継続が阻まれることになってしまう。ルール上の矛盾はあるにせよ、そのことによってゲームの継続は保たれているのだ。まさに「ルールよりゲーム」の典型であろう。

ラグビーのグラウンドは〝空気の壁〟で区切られているという原則がわかったところで、先の疑問に戻ろう。「タッチとは、一体、なにとなにのタッチ（接触）なのか？」

2　ボールはなにに触れれば「タッチ」となるのか？

▼そもそもラインの〝外〟と〝内〟は曖昧だった

「タッチ」とは、なにがなににタッチするのか？

そこには必ず歴史があるはずだ。イングランド生まれのラグビーの歴史を探る上で、同じくイングランド生まれのボクシングについて、少し考えてみたい。

人間同士が殴り合う行為はおそらく有史以前から行なわれてきたであろうが、近代ボクシングが整備されたのは18世紀、イングランドでのことである。ボクシングの闘う場を「リング」と言うのは誰もが知ることだろう。その形は、ロープで囲まれた四角い区域だ。が、リング（ring）とは本来「輪」のことで、四角い輪などあるはずもない。なぜ、リングと呼ぶのだろうか。

想像してほしい。2人の男が殴り合いの喧嘩をはじめ、周りで見物している人が大勢いたとしたら、そこにどのような〝形〟ができ上がるのか。おそらく、見物人たちは周りで〝輪〟をつくるはずだ。まさにリングのような丸い輪である。その名残が、四角い形状になった現在にも受け継がれているのではないだろうか（古代ローマ時代、奴隷同士を闘わせて観戦する際に、床に円を描きその中で闘わせたという説もある）。

ラグビーは村の祭りを発祥とし、当初は決められた〝グラウンド〟などなく村全体を自由に使っていた（但し教会と墓地は除く）ことはすでに述べた。それがやがてパブリックスクールで行なわれるようになっても、プレーの場が一定の大きさに区切られたわけではない。実際、19世紀頃のラグビー校の〝グラウンド〟の図はかなり曖昧だし、『ラグビー校・ルールブック（1845）』にも〝グラウンド〟の大きさや区域についての詳細はない。

その後、サッカーのもととなる『フットボール・アソシエーション（FA）』が1863年に設立された際、グラウンドに関しては「長さ最長200ヤード、幅最長100ヤード」と広さを決めたが、「幅と長さはフラッグで示される」とあるだけだ。フラッグとは、現在で言うところのコーナーフラッグだが、各フラッグ間のラインについての決まりもない。〝四隅にあるフラッグを目印に、およそ、その間で行なえばよい〟と示されているだけである。ゴールに関しては「8ヤードの間隔のある2本のポスト」と決められたものの、ゴールラインさえ引かれていなかった。

そもそも、当時は正確なラインが引かれた人工芝などあるはずもなく、石灰でグラウンド上にラインを引く道具もなかった。さらに言えば、当時も、そして現在も、イングランドでラグビーをプレーする場所は芝の上である。当時の芝は、現在のように刈りそろえられた芝ではなく「草」だったはずだ。そういった草の上にラインを引くには労力が必要だったろうし、それほどの労力を使って〝タッチライン〟を引く必要もなかったはずだ。

その後、『フットボール・アソシエーション（FA）』のルールでラインを引くことが義務付けられたが、興味深いのは、ラインに関して「幅12センチメートル以下の境界線によって描き、V字溝で区画してはならない」というルールがある点だ。「幅12センチ」とはライン自体の幅だが、「V字溝」とはどういうことなのか？　これは、芝を刈り取る際にV字型にしてはならない、ということである。つまり、芝を刈ってラインを示す際には、12センチ幅で凹字型にしなければならない。そこまでしなければならないほど、それ以前はラインの〝内〟と〝外〟は曖昧だった。

▼タッチラインの起源は〝人間の壁〟？

では〝タッチライン〟が生まれる以前、ラグビーはどのような区域でプレーをしていたのであろうか。そこで〝タッチライン〟の代わりをしていたのは人間、群衆である。

改めて、タッチに関する現在の条文を見てみよう。そこには【**ボールが、タッチライン…に触れた**（touches the touchline）】または【**タッチラインの外側にある物、あるいは人**（anything or anyone）**のいずれかに触れた場合、そのボールはタッチである**】とある。もしタッチラインそのものが存在していなかったなら、タッチになるのはボールが【**物、あるいは人のいずれかに触れた場合**】だけということになる。

前述した、ボクシングの〝リング〟と合わせて想像してほしい。ラグビーが行なわれている間、それを見物する者が多く集まったはずだ。そこでは、さながらボクシングを見る群衆のように〝人間の壁〟をつくっていたと想像できる。実際、ラグビーを描いた19世紀の絵画などを見ると、格闘技さながらにボールを奪い合うプレーヤーたちと、それを覗《のぞ》き込むように見ている、帽子をかぶりコートを羽織った紳士たちの姿が描かれている。おそらく卒業生や関係者たちであろう。両者の距離は近く、その境界線はかなり曖昧である。

つまり、そもそも「タッチ」とは、ボールまたはボールキャリアーが、プレーヤーではない観戦者（anyone）またはなんらかの物（anything）に触れることであり、観戦者や物自体が〝タッチライン〟の役割を担っていたのではないかと推測できる。

この点は、現行ルールにある以下の条文にも通じるはずだ。

【タッチになった地点とは、ボール…が…タッチラインを横切った地点】であって、タッチライン上には見えない〝空気の壁〟があるということ。そしてその**【タッチライン上の立平面とは、タッチラインの上に想定された垂直な平面である】**。垂直な平面とは、まさに人間の壁ではなかろうか。

▼重要なのは〝タッチに入った〟という表現

但しこの点に関しては、『ラグビー校・ルールブック（1845）』には「タッチ：プレーヤーは、いかなる場合でもタッチの〝中で（in touch）〟、またはタッチを通って（through touch）ボールを持って走ってはならない」とあるだけで、「タッチ」そのものに関する詳細な定義はない。一方で「プレーヤーは、木に触れた（touched the tree）ボールを（自陣・敵陣の）どちらの側から投入（drop）してもよい」とも記されている。

その後、1871年に生まれた『ラグビー・フットボール・ユニオン（RFU）』が、『ラグビー校・ルールブック（1845）』をもとに制定した『ユニオン・ルールブック（1871）』で、ようやくラグビーのグラウンドの図（Plan OF THE Field）が示されるが、その広さについての詳細な記載はない。そこにはゴールポストの位置と、ゴールラインとタッチラインで区切られた「ザ・フィールド・オブ・プレー（THE FIELD OF PLAY）」が示されているだけだ。ちなみに「フィールドオブプレー」とは現在も正式に使用されるラグビー用語で、通常のプレーが行なわれる場所のことである。

ここでようやく「タッチライン」という言葉が登場することになるのだが、興味深いのは、この図ではタッチラインの外の区域が「タッチ（TOUCH）」という文字で示されている点である。このルールでは、「もしボールが〝タッチに入った〟ならば（If the ball goes into touch）、最初にそれを押さえた（touches it down）プレーヤーは…ボールを戻さなければならない」とある。タッチラインに触れた（the ball touch the line）ではなく〝タッチに入った〟という表現が、ラインアウトというプレーを知る上で重要な点である。

3　「ラインアウト」のアウトとはなんの〝外〟？

▼「周辺区域」とは「タッチの区域」である

現行のルールでも、タッチジャッジが旗を上げる瞬間の【**タッチである**】は、原文で「in touch」と記されている。同様に【**タッチになる**】は「into touch」である。通常の日本語訳であれば、それぞれボールが「タッチの中」と「タッチの中に入る」という感覚ではないだろうか。まるで〝タッチ〟という箱、あるいは区域に入るという印象で、単に触れるだけには留まらないようでもある。

現在のラグビーのルールでは、「グラウンド（The Ground）」は細かくいくつかの区域に分かれている（17ページの図参照）。まずは通常のプレーを行なう「フィールドオブプレー」。これについては先に記したように1871年のルール制定の時点ですでに決まり、現在まで変わっていない。この「フィールドオブプレー」に「インゴール」を加えた区域を「競技区域（Playing area)」と呼ぶ。「インゴール」とは、両チームがトライを取り合う区域であるが、その中でボールがグラウンディングされなければプレーが継続される区域でもある。

さらに、この「競技区域」の周りには「周辺区域（Perimeter area)」が設けられている。それらを合わせて、はじめて**【競技場**（The Playing Enclosure)**】**とするのである。

その周辺区域は**【実際に使用の可能な少なくとも5メートルの区域】**（注：原文からの直訳）と定義されている。タッチラインのすぐ脇が壁であれば危険なのは当然だが、同時に、タッチラインの外側5メートルの〝区域〟でもプレーが行なわれることが想定されているわけだ。

実際、現在のルールでも「クイックスローイン」というプレーが認められている。これは、ボールがタッチとなった後に**【ラインアウトの形成を待たずに】【ボールがラインアウトのスローインが行われる地点とそのプレーヤー側のゴールラインとの間のフィールドオブプレーの外側からであれば、どこからでもボールを投げ入れることができる】**というもの。要は、タッチに出たボールを拾って、すぐさまボールを投入してプレーを再開させるわけだ。基本的な条件は、同じボールを使うこと。ボールを投げ入れる場所が「タッチとなった地点より後方（インゴールを除く）」であるということ、「ボールを前方＝相手陣側に投げ入れてはならない」ということ。ボールを投げ入れる方向に関しては、従来は真っ直《す》ぐ（タッチラインに垂直）である必要があったが、ゲームをよりスピーディにするため、つまりクイックスローインをやりやすくするために、２００９年の大幅ルール改正時に変更されている。

この点に関しては、１８７１年にはじめて制定された『ユニオン・ルールブック（１８７１）』にも類似のものがある。それは、タッチに出た（goes into touch）後のプレーの選択のひとつとして、ボールがタッチとなった地点から「ボールを正しい角度で投げ入れる（throw it out at right angles）」というものだ（他にもふたつの選択肢がある）。

ここで注目すべきなのは、投げ入れる側である。当時のルールによれば「タッチにあるボールを最初に触ったプレーヤー」に投げ入れる権利がある。その権利を得るため、〝タッチの区域に入った（into touch）〟ボールに〝最初に触るためのプレー〟がそこで行なわれるということになる。その場所が現在で言うところの「周辺区域」だ。この点はインゴール内で転がるボールをどちらが先に押さえるかを争う点に似ており、「インゴール」はボールをグラウンディングする区域であり、「インタッチ」は、ボールにタッチをする区域と考えればわかりやすい。

だが当然、その「周辺区域」は、危険がなくプレーができる場所でなければならない。

バスケットボールが、フットボールをもとに、室内でプレーをするためにつくられたスポーツであるということは先に記した。その当初のルールでも「ボールが境界（コート）の外に出た場合は、最初にボールに触れたプレーヤーが境界内にスローインする」と決められていた。そのため、ボールが体育館2階のバルコニーに入ると、プレーヤーたちはボールを得るため、われ先に階段を駆け上がり、しばしば乱闘が起きたという。そのバルコニーも、ラグビーで言うところの〝タッチの区域〟であり、現在の「周辺区域」と言えるだろう。現在ではバスケットボールのルールが変わり、そのような乱闘もなくなったが、ラグビーでは「周辺区域」は残され〝乱闘〟が続いている。

もちろんそれは、ルールに則《のっと》った乱闘である。もともとラグビーはラックやスクラムといった乱闘の繰り返しでもあるのだが、その乱闘こそが「ラインアウト」である。

▼ラインアウトの成り立ちと定義

ここで疑問が浮かぶ人はいないだろうか。「ラインアウト」のアウトとは、なんの「アウト(外)」なのか、と。

現在の『競技規則』では**【ラインアウトの目的は、ボールがタッチになった後、2列に並んだプレーヤーの間にボールを投入することによって、早く、安全に、公平に試合を再開することである】**と記されているのだが、そこには「アウト」の意味についての記述はない。また

【ラインアウトプレーヤーとは、ラインアウトに2列に並んでいるすべてのプレーヤーをいう】

ともあるが、この条文からも「アウト」を理解することはできない。ボールを投げ入れる「スローイン」は「イン（内）」と言うのであるから、プレーヤーが2列（ライン）に並ぶのも場所から考えて「ラインイン」と呼ぶ方が自然だと思われるのだが……。

なぜ「アウト」と呼ぶかに関しては、現在の『競技規則』はもとより、『ラグビー校・ルールブック（1845）』でも、『ユニオン・ルールブック（1871）』でも明確な記述がなかった。そのため推測するしかないのだが、これまで記してきた、タッチとタッチラインの成り立ちを考えれば、ある推論に至ることができる。

先に記したように、ラグビーというゲームが行なわれるのは「フィールドオブプレー」、「インゴール」、そして「周辺区域」すなわち〝タッチの区域〟である。かつては、〝タッチの区域〟でもプレーは継続して行なわれていた。それはさながら、インゴール内でのボール争奪戦と同じだったはずだ。ましてや、現在よりもタッチライン自体が曖昧で、レフリーやタッチジャッジの権限がない時代なら、ライン外の〝タッチの区域〟では、誰もが果敢にプレーをしていただろう。しかもその区域はいまよりも広大である。

だが、のちにラインが明確になり、レフリーやタッチジャッジが生まれ、さらにルールが整備されていくことによって、そういったプレーがタッチラインの内（イン）で行なわれるようになった。そのため〝タッチの区域〟に入ったボールを「フィールドオブプレー」に戻す行為が行なわれるようになったのだが、それは〝タッチの区域〟からボールを出す（アウトさせる）行為でもある。

現在のラグビーでは、なんらかの理由により自陣22メートル区域内からボールを蹴り出す行為を「ドロップアウト」と言う。これは、22メートル区域内から**【防御側によって行われるドロップキックのことである】**と定義されているが、「アウト」についての詳細な説明はない。だがこれは、ドロップキックでボールを22メートル区域内から「出す（アウトさせる）」という意味だと考えられる。その点を鑑みれば、ラインアウトのアウトは、ボールを〝タッチの区域〟から「出す（アウトさせる）」と捉《とら》えることができる。実際、『ユニオン・ルールブック（1871）』では、「ボールがタッチに出た（goes into touch＝タッチに入った）」後は、「ボールを…投げ入れる（throw it out＝投げ出す）」と記されている。

つまり、ラインアウトとは「タッチとなったボールを〝タッチの区域〟から投げ出し（アウトし）」、その後、2列に並んだプレーヤーによって、改めて争奪戦を行なう」というプレーである。その点は現在の**【ラインアウトの目的は、ボールがタッチになった後**（has gone into touch＝

タッチに入った後）…**早く、安全に、公平に試合を再開することである】**とも合致している。

4　ラインアウトのルールは煩雑！

▼ラインアウトの基本

現在のラインアウトは、本来〝タッチラインの外〟で行なわれていたボールの争奪戦を、タッチラインの内で改めて行なうために考案されたルールであると思われる。では現在、そこにはどのようなルールがあり、なにが行なわれているのか。

まずラインアウトの基本は**【2列に並んだプレーヤーの間にボールを投入することによって…試合を再開することである】**が、その**【2列に並んでいるすべてのプレーヤー】**のことを**【ラインアウトプレーヤー**（Line-out players）**】**という。彼らが並ぶ際**【先頭のラインアウトプレーヤーは、タッチラインから5メートル以内に立ってはならない。最後尾のラインアウトプレーヤーの立つ位置は、タッチラインから15メートルを越えてはならない】**とされている。つまり、タッチラインに平行して引かれる5メートルラインと15メートルラインの間に立たなければならない（225ページの図10参照）。

基本的には、その間にフォワードプレーヤー7人が並ぶが、**【少なくとも双方のチームから2人のプレーヤーがラインアウトを形成しなくてはならない】**こと以外、誰が何人並んでもかまわない。よって、最大で14名が並ぶことも可能だ。ラインアウトの際はボールを投入するプレーヤーが必要で、一方のボールを投入しないチームも**【ボールを投入する相手側のプレーヤー】**として特定の位置に立たねばならず、こちらの場合も15人全員が並ぶことはできない。

ラインアウトには、**【ボールを投入するプレーヤー】**、通称スロワーがいる。近年、スロワーはフッカーが務める場合が多いが、誰が投げても、また途中で変わることも可能。但しその相手側**【プレーヤーは、ラインオブタッチから2メートル離れ、また、5メートルラインから2メートル離れて立たなくてはならない】**と、立ち位置が特定の一か所と決められている。**【ラインオブタッチ**（Line-of-touch）**】**とは**【タッチからボールを投入する地点を通り、タッチラインと直角をなす、想定された線】**のこと。要は、両チームのラインアウトプレーヤーの真ん中のラインと思ってもらえばよい。

また通常であれば、ラインアウトに並ぶ**【ラインアウトプレーヤー】**の後方に**【レシーバー**（Receiver）**】**が立つことになる。その位置は**【ラインアウトに参加している味方プレーヤーか**

ら少なくとも2メートル後ろ、かつ、5メートルラインと15メートルラインの間】であり、スロワーの定位置と違って、その間なら、どこに立つことも動くことも自由だ。

　レシーバーは、文字通り、ラインアウトプレーヤーが捕ったボールを〝レシーブする（受け取る）〟役目であり、そこからバックスにボールをパスする場合が多いため、スクラムハーフが務める場合がほとんどだが、ルール上は誰が務めてもかまわない。但し**【それぞれのチームは1回のラインアウトで1人のレシーバーしか置くことができない】**。一方、ボールを投入しない側のチームは、このレシーバーを置いても置かなくてもかまわない。

▼「安全、公平」という原則を理解すれば、ルールを全て暗記する必要はない

　ここまで**【ラインアウトの形成】**に関しての基本的なことを記した。が、これで全てではない。実はルール上、この項目は現在、aからpまで、実に16項目にわたって詳細な記載がされている。プレーヤーはもちろん、レフリーも全てを正しく覚えるのはやっかいである。ラインアウトにほとんど参加しないバックスプレーヤーでこの16項目を正しく理解している人はまずいないのではないだろうか。

　実際、こういったルールの詳細を覚える必要はない。もし、完璧に覚えている方がいるなら

早目にレフリーに転身してもらいたいと思うが（但しセンスは必須）、詳細がわからなくても、**【早く、安全に、公平に試合を再開すること】**が目的であるという原則を理解していれば、ゲームはスムーズに進むはずだ。「ラインアウトの形成」は「ラインアウトの開始」前だから、疑問があってもレフリーの指示にしたがえばよいし、レフリーも無暗に笛を吹くのではなく、安全かつ公平にラインアウトが行なわれるようにすればよい。観戦者も難しく考える必要はない。

【ラインアウトの形成】以外にも、ラインアウトの際には**【ボールに向かって跳び上がるために相手のプレーヤーを支えにしてはならない】【ボールを投入するプレーヤーの手からボールが離れる前に、ジャンプ、リフティング…を行ってはならない】【ボールに向かって跳び上がるプレーヤーは、ボールを捕ろうとする…ためには、両手か内側の腕を用いなければならない】**等々、細かなルールがいくつもある。

だが、こういった点についても、全て正しく暗記する必要はないだろう。これらもまた、安全、公平を念頭に改正されてきたルールであり、それらが損なわれない限り、現象だけで反則とする意味もない。実際、「スロワーがボールを投入する前にジャンプした」としても、その現象を全て「アーリージャンプ」の反則としていたら、ゲームが停滞するばかりだろう。レフリーは、現象自体よりもその現象によっていずれかが不利益を被るのか、あるいは安全性が損なわれるのかを〝レフリング〟しているのである。

例えば、現在のルールでは**【プレグリップを認める】**とされている。プレグリップとは、ジャンパーを持ち上げる際、前後のプレーヤーが事前にジャンパーを摑む行為だが、その行為については**【プレーヤーがボールに向かってジャンプする味方のプレーヤーを持ち上げるか、またはサポートする場合、ジャンプするプレーヤーの後方からはパンツよりも下を、正面からは太腿《ふともも》より下をプレグリップしない限り、プレグリップすることができる】**と記されている。つまり「後方からはパンツよりも下を、正面からは太腿より下をプレグリップ」してはならないということだが、その目的は安全性に他ならない。安全が確保されるのであれば、現象そのものを重視することもないし、それを反則として笛が吹かれることもほとんどないはずだ。そもそも、以前は「プレグリップ」自体が反則とされており、さらにそれ以前は「リフティング」自体が反則だった。この点は、ルールに合わせてプレーをするのではなく、プレーに合わせてルールが改正されるということの典型と言える。

▼ラインアウト時のオフサイド

ラグビーにおける4つの種類のオフサイドの、最後の4つ目が、ラインアウトでのオフサイドである。

その大きな特徴は**【ラインアウトにおいては、双方、ゴールラインに平行な2種類のオフサイドラインがある】**ということ。**【1つは、ラインアウトに参加しているプレーヤー（通常は、フォワードの全員か数人、スクラムハーフ、およびボールを投げ入れるプレーヤー）にとってのオフサイドラインである】**。そして**【もう1つは、ラインアウトに参加していないプレーヤー（通常は、バックス）にとってのオフサイドラインである。ラインオブタッチの後方10メートルでゴールラインに平行な線あるいは味方のゴールラインのうち、いずれかラインオブタッチに近い方の線が、オフサイドラインである】**（図10）。

スクラム、ラック、モールにも、それぞれ「参加している」プレーヤーと「参加していない」プレーヤーによってオフサイドの条件に多少の違いはあるが、基本的にはそこ（スクラム、ラック、モール、またはオフサイドライン）から離れたか否かが問われるだけで、単純なものである（スクラム時のスクラムハーフの特例は除く）。

図10　ラインアウト時の2種類のオフサイドライン

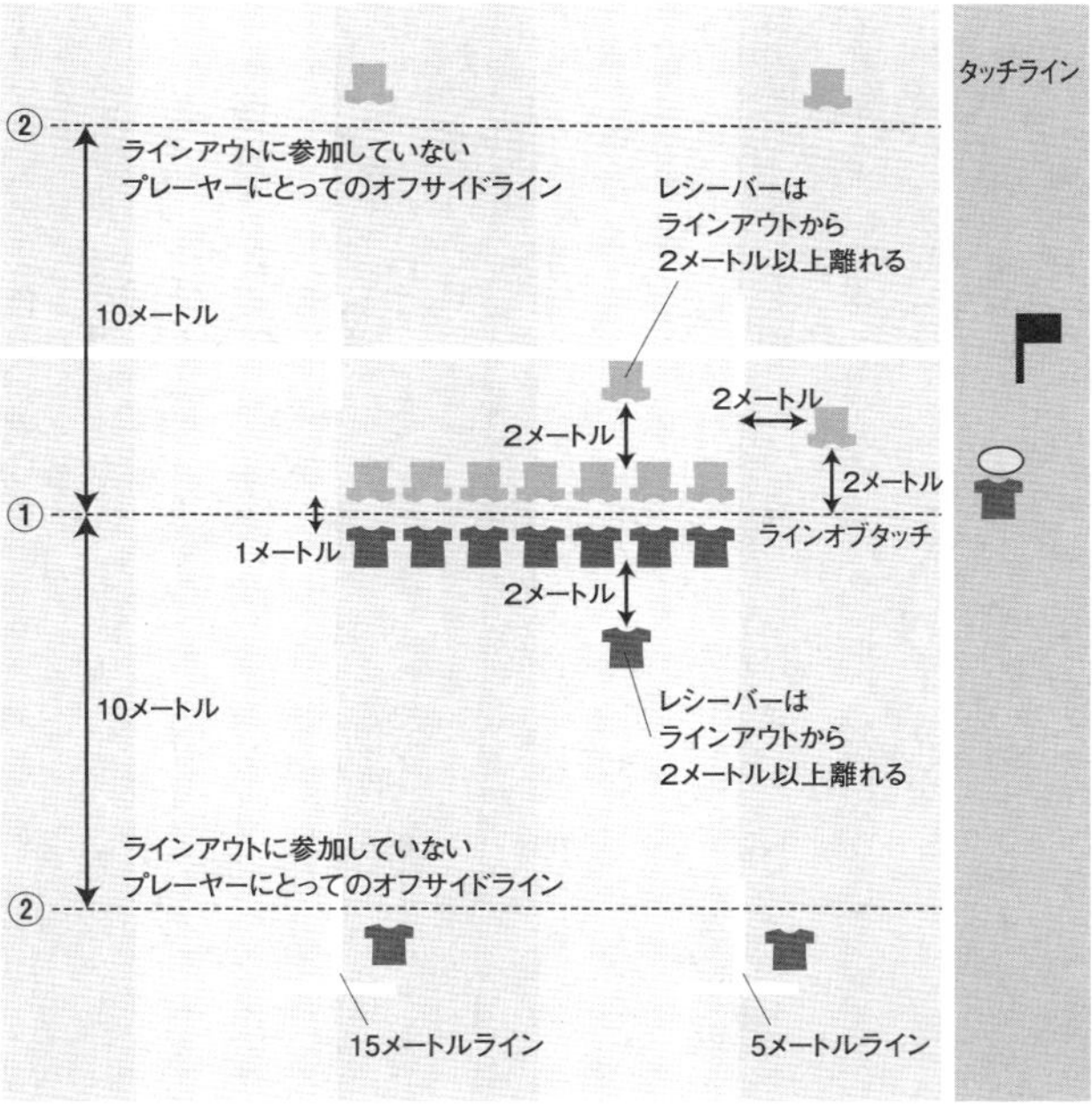

①【1つは、ラインアウトに参加しているプレーヤー（通常は、フォワードの全員か数人、スクラムハーフ、およびボールを投げ入れるプレーヤー）にとってのオフサイドラインである】。それは【ボールが投げ入れられ、プレーヤーまたは地面に触れるまでは、ラインオブタッチがオフサイドライン】である。

②【もう1つは、ラインアウトに参加していないプレーヤー（通常は、バックス）にとってのオフサイドラインである。ラインオブタッチの後方10メートルでゴールラインに平行な線あるいは味方のゴールラインのうち、いずれかラインオブタッチに近い方の線が、オフサイドラインである】。

しかしラインアウトの場合は、明らかに、ラインアウトに参加しているか否か、つまりフォワードかバックスかで、オフサイドラインが大きく異なる。しかも、ラインアウトに参加しているフォワードのオフサイドは**【ボールがプレーヤーまたは地面に触れる前】**、**【ボールがプレーヤーまたは地面に触れた後】**で、さらに**【ラインアウトでラックまたはモールが形成された場合】**と段階的に変化しており、これまた煩雑である。だが、これも実際に関係するプレーヤーでなければそれほど気にする必要はない。バックスプレーヤーであれば、正確に記憶している人は少ないはずだ。

バックスにとってより重要なのは、ラインアウトに参加していないプレーヤーにとってのオフサイドライン、すなわち、ラインオブタッチから少なくとも10メートル後方にできるラインの理解である。ラグビーの4種のオフサイドの中で、ラインアウト時のオフサイドラインはバックスまでの距離が10メートルと一番長いのが特徴で、スタンドオフにとっては相手のスタンドオフまでの距離が20メートルにもなる。実際、攻撃側がその広いスペースを有効に使ってトライをすることはかなり多い。

本来のオフサイドの意味からすれば、こちらの方がオフサイドらしいオフサイドラインと言えるが、だからこそ、そのオフサイドラインがいつ発生していつ解消されるのか、つまりラインアウトの開始と終了について、プレーヤーは誰もが正しく知る必要があるし、観戦する上でも知っておくことをお勧めする。但し、これも少々煩雑ではある。

5 ラインアウトの「開始」と「終了」について

▼ラインアウト開始前の熾烈《しれつ》な駆け引き

「ラインアウトは、いつ開始されるのか？」

この質問に素早く、しかも正しく回答できる人はどれくらいいるだろうか。現在のラインアウトでは、前述の「ラインアウトモール」をはじめ、様々なサインプレーが行なわれている。そのため、プレーヤーは「ラインアウトの開始」を理解する必要があるだろう。その正解は**【ボールを投入するプレーヤーの手からボールが離れたとき】**である。

しかし現在のラインアウトでは、開始前に様々なことが行なわれている。例えば**【ラインアウトに参加するプレーヤーは、ボールが投入される前に、位置を移動することができる】**ため、スロワーがボールを投げる直前、サインに合わせてそれぞれの位置を前後に変えながら、相手をまどわそうとしている。

かつて、ラインアウト時にジャンパーを支える「リフティング」が禁止されていた時代は、身長の高い、主にロックの選手が自力でジャンプしてボールを捕る場合が多く、相手チームはそのプレーヤーに注意を払っていればよかった。だが「リフティング」が解禁となった現在、ラインアウト時のサインは複雑化している。

なお、この**【位置を移動することができる】**のは**【ラインアウトに参加するプレーヤー】**であるため、レシーバーも含まれる。つまり、レシーバー（の位置にあらかじめ立つロックなど）とラインアウトプレーヤーの入れ替えも可能なのである。こうしたサインの複雑化の中で、相手側もそれに対応してサインを解読しようとするため、互いに裏をかき合いながら常に進化を続けている。こういった現象が起こるのも、ルール改正の賜物《たまもの》であろう。

▼ラインアウト終了の条件は6つある

さて、ラインアウトには開始があるので終了もある。そして、開始以上に煩雑なのが、この終了の条件だ。

原則としては**【ボールあるいはボールキャリアーがラインアウトを離れた時に終了する】**と

いうことだが、「離れる（leaves）」とはどういうことか。その具体例として6つが明記されている。

まずは単純に①**【ボールがラインアウトからパス、ノックバック、またはキックされたとき】**。これは、ラインアウトのボールを捕ったプレーヤーがレシーバーにパスすることによって、ボールが**【ラインアウトを離れた】**ことになるからだ。稀なケースではあるが、キックも同様。ちなみにノックバックとは、空中のボールを叩いて（ノックして）自陣側である後方（バック）に送ることを言うが、仮に空中でノックしても、自ら捕り直した、あるいは真後ろの味方ラインアウトプレーヤーがキャッチしても、ラインアウトを離れていないので終了にはならない。当然、ノックして前方に落ちればノックオンである。

次に②**【ボールまたはボールキャリアーが5メートルラインとタッチラインの間の区域に移動したとき】**。ラインアウトは、タッチラインから5メートル離れた位置にある5メートルラインより後方で並んだプレーヤーによって行なわれるが、いったんボールを捕った後、この5メートルの区域に移動すれば、**【ラインアウトを離れた】**ことになる。

続いて、③**【ボールが15メートルラインを越えて投げ入れられたとき、またはプレーヤーがボールを持って15メートルラインを越えたとき】**。これはラインアウトの後方、15メートルラインを越えたときに**【ラインアウトを離れた】**ことになる。なぜなら、**【最後尾のラインアウトプレーヤーの立つ位置は、タッチラインから15メートルを越えてはならない】**から、つまりラインアウトは15メートルライン内で行なわれるからである。一方で**【ラインアウトに参加しているいずれの側のプレーヤーも、ラインアウトが終了するまでラインアウトから離れてはならない】**ため、ディフェンス側プレーヤーがラインアウトの終了前に15メートルラインを越えて前進すれば、オフサイドの反則となる。

そして④**【ラインアウトプレーヤーが、ピールオフをするプレーヤーにボールを手渡したとき】**。ピールオフとは**【味方のラインアウトプレーヤーによってボールがパスまたはノックバックされるとき、プレーヤーがそのボールを受けようとしてラインアウトから離れること】**と定義されているプレーだが、一列に並んだプレーヤーが移動する動きが、バナナの皮（ピール）がむける（オフする）様に似ていることから命名されたもの。現在では離れる（オフする）方向も人数もまちまちでバナナの皮のようにはならないが、いずれにせよラインアウトからいったん離れたプレーヤーにボールが渡れば**【ラインアウトを離れた】**ことになる。

次が少々難しい。⑤**【ラインアウトにおいてラックまたはモールが形成され、ラックまたはモールに参加しているプレーヤーのすべての足が、ラインオブタッチを越えて移動したとき】**

図11　ラインアウトの終了⑤　ラインアウトモールから前進

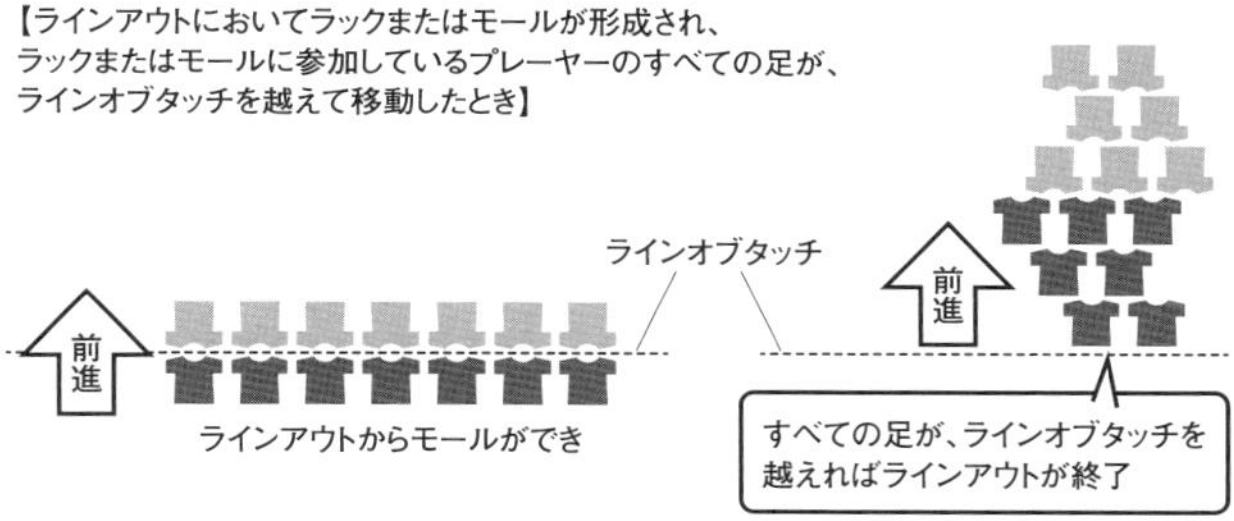
【ラインアウトにおいてラックまたはモールが形成され、
ラックまたはモールに参加しているプレーヤーのすべての足が、
ラインオブタッチを越えて移動したとき】
ラインオブタッチ
前進
前進
ラインアウトからモールができ
すべての足が、ラインオブタッチを
越えればラインアウトが終了

ラインアウトでは、一方がボールを獲得した直後にモールとなる場合がある。いや、既述のようにあえてモールをつくる場合が多い。但し、ラインアウトがモール（またはラック）になったからといって、その時点でラインアウトは終了せず**【ラックまたはモールに参加しているプレーヤー全員のすべての足がラインオブタッチを越えて移動したら、終了する】**ことになる。よって、それまでバックスは当初のオフサイドラインの後方に留まっていなければならない（図11）。

ゲーム中、レフリーがラインアウトの際に片手を上げてバックスに「待つように」と指示を出している場合があるが、これはラインアウトでモールができた後、まだラインアウトが終了していないことを示している。確かに、ラインアウトから10メートルも後方にいれば**【モールに参加しているプレーヤー全員のすべての足がラインオブタッチを越えて移動】**

したか否かの判断は難しいだろう。特にディフェンス側は、モールでの相手最後尾のプレーヤーを見ることは困難になる。但し、当然のことながらこのオフサイドラインは攻守にかかわらず両チームに適用される。なお、ラインアウトモールが開始された後、ラインアウトに参加しているプレーヤー（主にフォワード）には新たなオフサイドラインが発生するなどこれまた複雑だ。

そして最後が、⑥**【ボールがラインアウト内でアンプレアブルになったとき、ラインアウトは終了し、スクラムによって再開される】**。実際は、アンプレアブルになる直前にモールとなっていることが多く、結果的には「モールアンプレアブル」と同じと言える（第3章参照）。

▼創造的なプレーを推奨するのが、ラグビーのルールの理念

以上が具体的な6項目だが、ここで注意しなければならない点がある。それは③**【ボールが15メートルラインを越えて投げ入れられたとき】**のルールだ。15メートルラインを越えるロングスローは、スロワーが誤って投げてしまう場合もあるものの、意図的にサインプレーとして投げる場合が多い。その際**【ボールを投入するプレーヤーが15メートルラインを越えてボールを投げ入れる場合、ラインアウトに参加しているプレーヤーは、ボールが投げ入れるプレーヤ**

ーの手を離れたら直ちに、15メートルラインを越えて動くことができる**】**。

つまり、スローワーの〝手からボールが離れた直後〟、ボールが15メートルラインを〝越える前〟であっても、プレーヤーは15メートルラインを越えることが許されている。しかも**【この場合、相手側プレーヤーも動くことができる】**。さらにこのルールは、ラインアウトに参加していない、10メートル後方のオフサイドラインの後方にいるバックスプレーヤーにも適用される。

例えば、ボール投入側のAチームがロングスローのサインプレーを選択し、スローワーA1の手からボールが離れた直後、Aチームのバックスは前方へ走ることができ、それに気付いたBチームのバックスも前進できる。よくあるのは、スローワーがロングスローで投入、直後にバックスプレーヤーが前進し、15メートルラインを越えた先でボールをキャッチするというサインプレーだ（234ページ図12）。

但し、さらに注意すべき点がある。それは**【ロングスローインされるボールを取ろうとして動いたが、ボールが15メートルラインを越えて投げ入れられなかった場合、そのプレーヤーはオフサイドとなり、罰せられる】**。バックスがロングスローインのサインに合わせて〝オフサイドラインを越えて〟前進することは合法としながら、一方で、スローワーがボールの投入に失

図12　ラインアウトのサインプレー

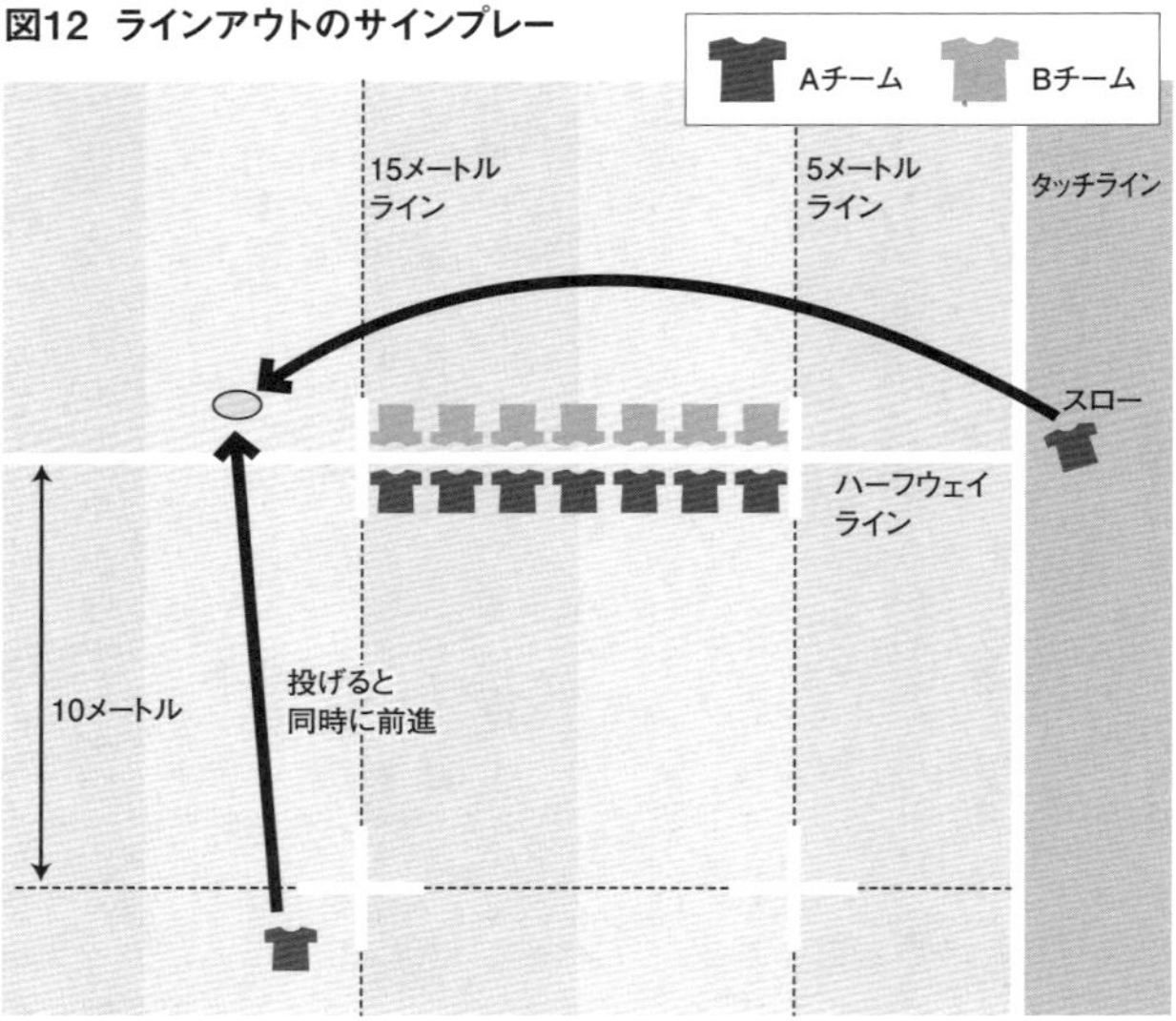

敗したら〝オフサイドの反則〟となってしまうのだ。これはまた、なんとも面倒なルールではないだろうか。

あえて道路交通法で喩えるならば、本来は駐車禁止の路上だが、希望するなら駐車してもよい。但しその際、一度でも縦列駐車に失敗すれば駐車違反とする＝罰を与える――というようなものだ。

だが、ここにこそラグビーらしさがある。煩雑さを避け、ルールを簡単にするならはじめから「スロワーはボールを15メートルを越えて投げてはならない」（駐車禁止の路上には絶対に駐車してはならない）とすればよい。あるいは、投げてもよいが「ラインアウトに参加していないプレーヤーは、ボールが15メートルを越えるまで動いてはならない」（駐車してもよいが、縦列駐車ができる前に同乗者は車を降りてはならない）としてもよい。その方がわかりやすいし、反則を〝見つける側〟にとっても簡単だ。

だが、そういった「〇〇をしてはならない」という制限を基準にルールをつくっていけば、やがてプレー自体が制限されることになるはずだ。危険なプレーに関しては制限すべきだが、創造的なプレーに関しては積極的に推奨する。そこにラグビーのルールの基本理念がある。

ラグビーのルール、いやローは、**【プレーをする上で楽しく、見る上でおもしろいゲームのための枠組みを提供する】**ものであり、**【プレーヤーにプレーヤーの持つスキルを自由に発揮できるようにさせることで、喜びと楽しみが大きくなる】**のである。

そのことを決して忘れてはならない。

終章　『ラグビー憲章』をひもとく

1　ルール（規則）とロー（法律）の違いとは？

▼「法治主義」と「法の支配」

これまで、ラグビーの〝ルール〟についていろいろと記してきた。ここで、改めてその〝ルール〟という言葉について考えてみたいと思う。

序章で述べたように、日本語で『競技規則』と記されるラグビーの『ルールブック』は、原語では「Laws of the Game」である。直訳するなら「ゲームの法律」。規則と法律、つまりルールとローの違いを正確に理解するのはなかなか難しい。おそらく、日本のラグビー界のほとんどの人がその違いを意識していないのではないだろうか。

しかし、この言葉は明らかに違うものとして使われている。ラグビー校で1845年に制定された、はじめてのラグビーの〝ルール〟集である『ラグビー校・ルールブック（1845）』は「THE LAWS OF FOOTBALL AS PLAYED AT RGUBY SCHOOL」と命名されている。日本語に訳せば「ラグビー校でプレーされるフットボールの法律集」。このときからすでに『ルールブック』は〝法律集〟なのだ。しかし、そこで決められた詳細な全37項目については「ルール（RULES）」と記されている。そしてすでに記したように全37項目の〝ルール〟の最後には、以下のような一文が加えられている。

「これらの〝ルール（rules）〟が『ゲームの法（the Laws of the game）』となった。よって、フットボールに関心を持つ誰もが、その遵守の実施のために全力を尽くすことが望まれる」

ここでは「ルールがローとなる（rules become the Laws）」と表現されている。ルールとローの違いはわかっただろうか。いや、これではかえって混乱してしまうかもしれない。

ルールとローに関しては、以下のような英語の言葉がある。

「Rule by Law」と「Rule of Law」。

英語だけを見ると、どちらも似たような言葉に思え、その違いが曖昧となってしまいそうだが、これらの言葉を日本語に訳した場合は大きく異なる。前者は「法治主義」であり、後者は

「法の支配」である。

「法治主義」（Rule by Law）とは、法律によって決められたルール（規則）で国や社会を治めるということで、ヨーロッパの大陸側の国々で生まれた考え方だ。重きは「ルール」に置かれ、「ルールは守らなければならない」という意味として使うこともできる。ルールや条文重視、ともすれば「悪法も法なり」という考え方にもつながる。

一方、「法の支配（Rule of Law）」はイングランドで生まれたもので、正しい〝ロー（法）〟によって国や社会を統制しようというもの。ここでの〝ロー〟は、単純に成文化された法律の条文というより、モラルや常識、人として守るべき規範といった意味合いである。それは「原理、原則」、あるいは「掟《おきて》」などと訳した方がわかりやすいかもしれない。そうした〝ロー（原理、原則、掟）〟を重要視しようというものがラグビーの基本思想である。

▼大事なのは「成文化されていないこと」
「法治主義」と「法の支配」の違いは、序章で述べた「国家法」と「慣習法（英米法）」の違いに類似する。イングランドで生まれたラグビーは、当然、後者の考え方が基本である。

「キックオフはプレースキックでなければならない」とか「ノックオンとは、腕または手にボールが当たった場合である」といった、細かな〝ルール〟の集合体が『the Laws』であり（theという定冠詞がつくことと、「L」が大文字である点に注目）、それは守るべき「原理、原則、掟」の一部である。いや、時代や環境に合わせて改正すべきである。そもそも〝ルール〟は必要に応じて改正できる。それゆえ、『the Laws』の中身である詳細な〝ルール〟は必要に応じて改正できる。そういった発想のもとに生まれてきた。国家や文言による強制ではなく、人々に意識され、守られている原理、原則、掟。それこそが、彼らにとっての〝法〟そのものなのである。

例えば「トライは5点」、「スクラムは8人で組まなければならない」は〝ルール〟だが、「相手を蹴り倒してはならない」、「レフリーを欺いてはならない」といったことは、人として守らねばならない〝ロー（原理、原則、掟）〟である。時代や環境に合わせてトライの得点数やスクラム時のルールは常に見直されその都度成文化されるが、それとは別に、時代や環境を問わず、成文化されていなくても守らねばならないことがある。それが〝ロー（原理、原則、掟）〟である。

ラグビーという常に相手と激しくぶつかり合うスポーツにおいて、「○○をしてはならない」といった禁止事項を全て成文化するには、たいへんな労力を要するだろう。いや、そのようなことに労力を費やすことは無意味である。お互いが禁止事項を理解し、守り合うことに、祭りから生まれたラグビーの長き歴史と伝統、そしてその存在意義があるからだ。

▼『ラグビー憲章』が生まれた理由

一方で、ラグビーが世界各地に広まっていくと、守るべき「原理、原則、掟」が共通認識として理解されることが難しくなる。なぜなら、それぞれの国や地域には固有の文化や社会的背景があるからだ。同じヨーロッパといえども、イングランドの「慣習法（英米法）」と大陸側の「国家法」では、法体系や発想が異なっている。ましてアジアやオセアニア、アフリカ、南米などの文化的背景は大きく異なるはずである。

そこで、ラグビーの〝ロー〟の理解を深めてもらい、世界的な意識の統一を図るために『ラグビー憲章』なるものが制定された。すでに本書で何度か触れた『ラグビー憲章』だが、原文では『プレーイングチャーター（Playing Charter）』と記されている。憲章＝チャーターとは『国連憲章（Charter of the United Nations）』などでも使われる言葉で、重要で根本的なこと、基本的な方針などを取り決めた文書であり、ある種の宣誓書でもある。つまり『ラグビー憲章』（以下『憲章』）とは、ラグビーをプレーする上で、もっとも重視すべき点を記しているものであり、その後に続く各条文が示す詳細な〝ルール〟を読む前に知っておくべき、ラグビーのラグビーたる基本が記されているものである。

『憲章』の「はじめに」の最後には、以下のように記されている。

【この憲章は、競技規則（the Laws of the Game）**とともに、欠かすことの出来ない重要なものであり、すべてのレベルでプレーする人たちのための基準を示すものである】**

現在の『憲章』は、それまでの『競技規則（LAWS OF THE GAME）』の『序文』をもとに1997年に制定され、さらに大幅改正されて、2004年の英語版『ルールブック（LAWS OF THE GAME）』に掲載されたものである（日本語版は2007年版から掲載）。

本書では、これまでラグビーの歴史や成り立ち、そこから生まれたルールについて記しながら、幾度か『ラグビー憲章』について触れてきたが、最後にこの『憲章』について、改めてひもといてみたいと思う。表現が堅苦しく、やや理解しにくい点もあるが、ラグビーの〝ルール〟を知る以前に、ラグビーをプレーする上で、また見る上で知っておくべき点が多く、また示唆に富む内容が多い。特に「ロー（law）」という言葉に注意しながら読んでもらいたい。

2 『ラグビー憲章』に記されているもの

▼試合の後に行なわれる「儀式」

『憲章』には、その**【目的は、ラグビーがそのユニークな特徴をフィールドの内と外の両方で維持することを確実なものにすること】**とある。つまり、ラグビーとは単なる得点を競い合うゲームではなく、「フィールドの外（off the field）」でもその特徴を維持することが重要だということである。

その点については、以下のような記述もある。

【ゲームをプレーすること…とは別に、ラグビーには勇気、忠誠心、スポーツマンシップ、規律、そしてチームワークといった多くの社会的・情緒的概念が包含されている】

これらを読むと、ラグビーをプレーするためには、社会生活の中でも必要な要素が求められていることがわかるのではないだろうか。

ラグビー関係者なら多くが知ることであるが、ラグビーには「アフターマッチファンクション」なるものがある。文字通り、試合（マッチ）の後（アフター）のファンクションであるが、では、このファンクションとはなにか。ファンクションには「機能」や「効用」といった意味もあるが、ここでは「儀式」や「式典」といった意味になる。すなわち、試合の後に行なわれる公式行事ということだ。伝統ある試合では、必ず試合後に揃いのチームブレザーをまとい、同じネクタイを締め、両チーム関係者が一堂に集う。そして飲食をともにしながらそれぞれのチームを讃え、試合を取り持ち進行してくれた人々に感謝しながら親交を深める。最後にはそれぞれが相手チームに対しエールを送り合い、チームに伝わる歌を歌う場合も多い。結婚式の後の披露宴のような様相でもあり、祭りから生まれたラグビーの伝統がそこに息衝《いきづ》いている（ちなみに、ラグビージャージに襟がついているのは、ファンクションの際にネクタイを締めて参加できるようにした名残だという）。

伝統ある交流戦の記録の中には、両チームのメンバー表の裏に、当日のファンクションで出される料理のメニューが記されているものを見つけることができる。それほどまでに、「試合（マッチ）」と「儀式（ファンクション）」は切り離せないものなのであった。そういった文化は広く伝わり、現在の日本でも、たとえ小規模なクラブチームの交流戦であっても試合後にレフリーを囲んで両チーム全員が集い、挨拶《あいさつ》を交わすということが行なわれている。まさにノーサイドの精神が育まれる場である。

▼ゲームの「原則」と「精神」

その点に関し、『憲章』には以下のような記述がある。

【ラグビーは仲間の競技者との間のチームワーク、理解、協力、そして尊敬を作り上げる。その基になるのは…ゲームにおいて共有される興味を通して築かれる生涯の友情である】

さらには、以下のように続く。

【そのような偉大な友情が試合の前にも後にも存在するのは、ラグビーの持つ激しい身体的・競争的特徴があるからである】

ラグビーというゲームは、はじめて触れる人にとっては、その複雑なルールから、ともすれば難しくてつまらないものに映るかもしれない。実際、『憲章』にも**【普通の観察者が見れば、一見矛盾の固まりのように思われるラグビーゲームの裏に、ゲームを支配する原則を即座に見いだすことは難しい】**とある。

しかしながら、ラグビーの「ゲームの原則」を知れば、観るも行なうも楽しいものになるはずであり、実際、世界中にはラグビーに魅了された人々が現在でも数多く存在する。

『憲章』には、その「ゲームの原則（Principles of the Game）」について、いくつかの記述がある。

そのひとつが「行動」である。この原文の「CONDUCT」とは、「品行」「行ない」に近いと思われるが、例えば、「激しいタックル」と「相手を負傷させる行為」という表裏一体の〝行ない〟を分けるものはなにか、ということである。『憲章』によれば、それは**【プレーヤーとレフリーが追求していかなければならない境界線であり】**、そこには**【自制と規律を融合させ、個人及び集団でそれを明確に線引きする能力が求められ】**るという。

また、「精神（SPIRIT）」については以下のように記されている。

【ゲームの精神（the Spirit of the Game）**は、規律**（discipline）、**自制**（control）、**相互の信頼**（mutual respect）**を通してこそ繁栄するのであり、ラグビーのような身体的に激しいゲームの中においては、これら…が…友情とフェアプレーの感覚を築くのである】**

例えば、勝利を求めるあまり相手を怪我させることを目的とした〝行ない（CONDUCT）〟をしたとすれば、相手の信頼を得ることはできないだろう。あるいは、自制せずに規律を乱し、レフリーの目を盗んで反則を繰り返していては**【ゲームにおいて共有される興味】**はわかないはずだ。ましてや、そういった相手と試合後のファンクションで互いに酒を酌み交わすことができるだろうか。そもそも、**【プレーヤーには競技規則**（原文では「the Laws」）**を遵守し、フェアプレーの原則を尊重するという最優先の責務がある】**と『憲章』には記されている。

ここでは、単なる文言としての〝ルール〟ではなく、守るべき「原理、原則、掟」としての「法（the Laws）」を遵守すべきとしている。それは、ラグビー校ではじめての〝ルール集〟『ラグビー校・ルールブック（1845）』が制定された際、「その遵守の実施のために全力を尽くすことが望まれる」と記されたときから受け継がれるものでもある。

▼5つのキーワード

ラグビーは危険なスポーツである。ときには重傷事故も起こりうる。だが、危険を伴うタックルを受けてくれる相手がいるからこそ成り立つスポーツであり、ラグビーを心から楽しむためには、自らもそのタックルを受けることを厭《いと》わずゲームに臨まなければならない。だからこそ、その両者の**【相互の信頼】**の中から友情と尊敬が生まれるのである。

また、ラグビーのルールは決して簡単ではない。実際、全てを正しく覚えるのは難しい。だが**【ラグビーの魅力の多くは、ラグビーが競技規則**（the Laws）**に記された文言**（the letter）**に従うとともに、競技規則の精神**（the Spirit of the Laws）**の中でプレーされているという事実に**

ある】。

全てのルール、ましてや毎年のように改正されるルールを正しく暗記しなくとも、「ロー(the Laws)」の中にある「精神(the Spirit)」を理解し、尊重すればラグビーは楽しめるはずだ。

ラグビーは〝ルール〟があるスポーツだ。いや、あらゆるスポーツにはルールがある。だが、ラグビーにおいては、細かな文言(the letter)で記された〝ルール〟ばかりに目を向けるのではなく、その〝ロー(the Laws)〟に込められた「精神」に重きを置くことが大切である。成文化された〝ルール〟にどのような「精神」が込められているのかを、常に考える必要があるだろう。

そうなってこそ、ラグビーは単なるスポーツではなくひとつの文化として根付くはずだ。特にレフリーは、自身はレフリーであり決して〝審判〟ではないということを念頭に、その「精神」を理解すべきである。

【プレーヤーには競技規則(the Laws)**を遵守し、フェアプレーの原則を尊重するという最優先の責務がある】**。一方で**【競技規則**(The Laws)**は、ゲームがラグビーの原則**(the principles of play)**に従ってプレーされるのを保証するように適用されなくてはならない】**。その適用をするのは、当然、レフリーである。レフリーこそが「ラグビーの原則」を正しく知らねばならない。そして**【レフリーとタッチジャッジはこれを、公平さと一貫性と繊細さと、そして最高のレベルにおいては、管理**（management）**を通して達成できる】**。それは決して簡単なことではない。だからこそ、レフリーは**【その返礼として、マッチオフィシャル**（レフリー団のこと）**の権威を尊重】**されるのである。

最後に、『憲章』にある5つのキーワードを記しておきたい。

これらの言葉には、ラグビーをラグビーたらしめている意味が込められている。ラグビーが文化として根付くためにも、ぜひとも理解しておきたい言葉である。

- 品位（Integrity）

品位とはゲームの核をなすものであり、誠実さとフェアプレーによって生み出される。

- 情熱（Passion）

ラグビーに関わる人々は、ゲームに対する情熱的な熱意を持っている。ラグビーは、興奮を呼び、愛着心を沸《わ》かせ、世界中のラグビーファミリーとの一体感を生む。

- 結束（Solidarity）

ラグビーは、生涯続く友情、絆《きずな》、チームワーク、そして、文化的、地理的、政治的、宗教的な相違を超えた忠誠心につながる、一つにまとまった精神をもたらす。

●規律（Discipline）

規律は、ゲームに不可欠なものであり、フィールドの内と外の両方において、競技規則（the Laws）、競技に関する規定（the Regulations）、そして、ラグビーの核心的な価値（core values）の順守を通じて示される。

●尊重（Respect）

チームメイト、相手、マッチオフィシャル、そして、ゲームに参加する人を尊重することは、最も重要である。

おわりに

私がラグビーのレフリーを始めたきっかけは、おそらくは他のレフリーにも多い理由だと思うが、自身の負傷だった。プレーヤーとしてしばらく試合に出られないため、とりあえずは〝レフリー役〟をやってみたのだ。20年ほど前のことである。最初は見よう見真似《まね》、ルールもまともには知らず、単なる経験則をもとに笛を吹いていた。そんなある日、先輩から「レフリーをやっているなら、これをあげるよ」と渡されたものがある。それは日本ラグビーフットボール協会発行の『競技規則』。いわゆる『ルールブック』である。

恥ずかしながら、『ルールブック』の現物を手にしたのは、そのときがはじめてであった。しかし、読んでみるとなかなか興味深い。それまで特に意識もせずにプレーしていたことが、言葉として表現されていたからである。「なるほど、あの反則はこういう理由からか」とか「なんだ、これは反則ではないのか」など、新しい発見が多くあった。

だが一方で、読むほどに次から次へ疑問がわいてきた。つまり、グラウンド上で実際に起きていることに関して記述があまりにも少ないのだ。いまでこそ「文化としてのラグビー」を前提にするので『ローブック』(『ルールブック』に非ず)が完璧でないという点は理解できるのだが、当時としては〝未完な〟『ルールブック』に多くの疑問を感じたものである。

だが、疑問に感じたからこそ、その疑問を少しずつ解いていくことによって、私自身はラグビーの文化に触れ、そして魅力に取りつかれていったのだと思う。

そういう意味では、本書を通して、ひとりでも多くの人がラグビーの文化に興味を持っていただければ幸いである。残念ながら、いまだにラグビーのレフリーを〝審判〟だと思うプレーヤーや、自身を〝審判〟だと思うレフリーさえいる。根底からの正しい理解がなければ、文化としてのラグビーを知ることは難しいだろう。

冒頭に記したように、2015年のワールドカップでのジャパンの活躍が、日本でのラグビー人気を一気に高めた。2019年には、第9回ワールドカップが日本で開催される。初のアジアでの開催である。これを機会に、ひとりでも多くの人にラグビーの魅力に触れてほしい。特に、これからの日本を、日本の社会を担う若者たち、少年少女たちに。

私事となり恐縮だが、現在、私には小学生の息子がいる。2015年のワールドカップ開催前から、すでに近所のラグビースクールに通い始めていた。その実力はさておくも、どうやらラグビーは性に合ったらしく、かなり熱心に取り組んでいる。また父親が父親だけに(?)テレビや雑誌を通じてラグビーにはかなり親しんでいる。

そんな息子があるとき、「大きくなったらジャパンに入って、オールブラックスを倒すんだ」という壮大な（?）夢を語った。オールブラックスとは言わずと知れた世界最強のニュージーランド代表である。しかし小学校低学年の息子のこと、父親としても「それはすごいな、がんばれ」と笑って答えた。

そのおよそ半年後、ワールドカップが開かれジャパンが南アフリカに勝利した。そのたった1勝で、「大きくなったらジャパンに入って、オールブラックスを倒す」という息子の一言は、違う意味のものになったのだと思う。

いくら親ばかとは言え、それは息子個人のことを言っているのではない。ジャパンが南アフリカに勝利する前、日本中のラグビー関係者にとって「ジャパンがオールブラックスに勝つ」ということは、絶対に不可能とは言えないまでも、少年が「宇宙飛行士になって火星に立ってみたい」というほど壮大な夢だったと思う。だが、ジャパンが南アフリカに勝ったその後では、「宇宙飛行士になって、地球を宇宙から見てみたい」というレベルの夢に変わったのではないだろうか。宇宙飛行士となることは決して簡単なことではないが、努力と幸運の末には実現できる夢であるし、その夢をかなえた日本人は現実にいる。

「ジャパンに入って、オールブラックスを倒す」。そういった夢を子どもたちに与え、多くのラグビーファンを増やした先のジャパンの功績は本当に素晴らしいと思う。

　２０１５年のジャパンの大躍進で蒔《ま》かれたこの種を、ぜひとも２０１９年まで大事に育て、その後はさらに大きく花開くことを願う。それを育てるためには、やはり種に水を与え、陽を当てる大人たちが必要なのだ。だからこそ、その大人たちに知ってほしいことを本書に記したつもりである。もちろんそれは、息子をはじめ、現在の夢を追う日本中のラグビー少年少女たちにも、やがては知ってほしいことでもある。

　最後に。本書が生まれたきっかけは、集英社元社員Ｏ氏との出会いだ。Ｏ氏は、私が所属するラグビークラブチームの初代キャプテンでもある。Ｏ氏がキャプテンをしていた頃から30年以上の月日が流れた。その間、私にはラグビーを通して多くの出会いと学びがあった。お名前を列挙することは不可能なのでＯ氏だけの紹介にとどめつつ、改めて、全ての方々に感謝の意を表したい。

　ラグビーを通して交流させていただいたみなさん、ありがとうございました。

２０１６年６月　ラグビーに夢中な我が息子の９歳の誕生日を目前に

本文写真撮影／長岡洋幸
図版作成／ＭＯＴＨＥＲ

李淳馹（リ スンイル）

一九六一年生まれ。フリーライター。著書に『もう一人の力道山』（小学館）、『青き闘球部』（ポット出版）、『日本ラグビー未来への挑戦』（共著、双葉社）、『ラグビーのみかた』（共著、成美堂出版）など。月刊誌『ラグビーマガジン』にてルール、レフリングに関する連載コラムを執筆中。関東ラグビーフットボール協会公認レフリー。一般社団法人「ラグビー・レフリー・リサーチ・センター」理事。

ラグビーをひもとく 反則《はんそく》でも笛《ふえ》を吹《ふ》かない理由《りゆう》

集英社新書〇八四三H

二〇一六年七月二〇日 第一刷発行
二〇一九年八月 六 日 第二刷発行

著者……李淳馹《リスンイル》

発行者……茨木政彦

発行所……株式会社集英社

東京都千代田区一ツ橋二-五-一〇 郵便番号一〇一-八〇五〇

電話 〇三-三二三〇-六三九一（編集部）
〇三-三二三〇-六〇八〇（読者係）
〇三-三二三〇-六三九三（販売部）書店専用

装幀……原 研哉

印刷所……大日本印刷株式会社 凸版印刷株式会社

製本所……ナショナル製本協同組合

定価はカバーに表示してあります。

© LEE SUNiL 2016

ISBN 978-4-08-720843-6 C0275

造本には十分注意しておりますが、乱丁・落丁（本のページ順序の間違いや抜け落ち）の場合はお取り替え致します。購入された書店名を明記して小社読者係宛にお送り下さい。送料は小社負担でお取り替え致します。但し、古書店で購入したものについてはお取り替え出来ません。なお、本書の一部あるいは全部を無断で複写複製することは、法律で認められた場合を除き、著作権の侵害となります。また、業者など、読者本人以外による本書のデジタル化は、いかなる場合でも一切認められませんのでご注意下さい。

Printed in Japan

a pilot of wisdom

a pilot of wisdom

集英社新書 好評既刊

安倍官邸とテレビ
砂川浩慶 0830-A

さまざまな手段でテレビ局を揺さぶり続ける安倍官邸。権力に翻弄されるテレビ報道の実態を示す。

普天間・辺野古 歪められた二〇年
宮城大蔵／渡辺 豪 0831-A

「返還合意」が辺野古新基地建設の強行に転じたのはなぜか？ 不可解さに覆われた二〇年の実相に迫る。

西洋医学が解明した「痛み」が治せる漢方
井齋偉矢 0832-I

科学的事実に拠る漢方薬の処方を「サイエンス漢方処方」と呼ぶ著者が、「痛み」の症状別に処方を紹介する。

イランの野望 浮上する「シーア派大国」
鵜塚 健 0833-A

中東の「勝ち組」となったイスラム大国イラン。世界情勢の鍵を握るこの国の「素顔」と「野望」に迫る。

ルバイヤートの謎 ペルシア詩が誘う考古の世界
金子民雄 0834-C

世界各国で翻訳される、ペルシア文化の精髄の一つと言われる四行詩集『ルバイヤート』の魅力と謎に迫る。

自民党と創価学会
佐高 信 0835-A

権力のためなら掌を返す自民党。「平和の党」の看板も汚す創価学会＝公明党。この「野合」の内幕を暴く！

世界「最終」戦争論 近代の終焉を超えて
内田 樹／姜尚中 0836-A

日本を代表するふたりの知の巨人が、混迷する世界情勢を打破するための新たな〝見取り図〟を描く！

口下手な人は知らない話し方の極意
認知科学で「話術」を磨く

野村亮太 0837-E

話が下手な人は何が間違っているのか？ 気鋭の認知科学者が、現場に活きる合理的な話術の極意を伝授！

「18歳選挙権」で社会はどう変わるか
林 大介 0838-B

「18歳選挙権」制度は社会変革に寄与し得るのか？ 主権者教育の専門家による、「若者と政治」論の決定版。

糖尿病は自分で治す！
福田正博 0839-I

糖尿病診療歴三〇年の名医が新合併症と呼ぶ、がんや認知症、歯周病との関連を解説、予防法を提唱する。

既刊情報の詳細は集英社新書のホームページへ
http://shinsho.shueisha.co.jp/

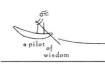